BIBLIOTHÈQUE ALGÉRIENNE ET COLONIALE

LE
PEUPLE ALGÉRIEN

PAR

F. GASTU

ANCIEN DÉPUTÉ D'ALGER

PARIS
CHALLAMEL AINÉ, ÉDITEUR
LIBRAIRIE ALGÉRIENNE ET COLONIALE
5, RUE JACOB, ET RUE FURSTENBERG, 2

1884

LE PEUPLE ALGÉRIEN

BIBLIOTHÈQUE ALGÉRIENNE ET COLONIALE

LE
PEUPLE ALGÉRIEN

PAR

M. GASTU, ancien député d'Alger

PARIS
CHALLAMEL AINÉ, ÉDITEUR
LIBRAIRIE ALGÉRIENNE ET COLONIALE
5, RUE JACOB, ET RUE FURSTENBERG, 2
1884

AVANT-PROPOS

~~~~~~~~

Depuis la chute de l'Empire, l'Algérie a vu se réaliser son assimilation politique avec la Métropole. Le principe civil a conquis dans l'ordre administratif la prépondérance qui n'aurait jamais dû lui être contestée :

Deux aspirations qui tenaient le plus au cœur des Algériens et qui toutes deux ont été à la longue couronnées d'un plein succès, après des luttes qui ont établi leur patience, leur constance, leur courage et leur foi.

La phase héroïque de la colonisation est close. Elle a duré environ cinquante ans. C'est peu, à ne considérer que les horizons qui s'ouvrent devant les yeux d'un peuple naissant. Que si, au

contraire, on essaie de faire le compte des épreuves
et des péripéties dont cette période a été remplie,
on reconnaîtra que la longueur de la vie, pour
les peuples comme pour les individus, doit se
mesurer moins d'après le nombre des années que
d'après l'intensité et le nombre des émotions
subies.

A peine notre valeureuse armée eut-elle détruit
la piraterie, que le problème de la colonisation
fut posé avec ses redoutables inconnues.

Tout d'abord le sol et ses habitants opposèrent
aux premiers pionniers des obstacles tels qu'il
parut à beaucoup d'esprits, parmi les plus résolus,
que s'engager dans cette voie était pure folie.

Le sol était hérissé de broussailles, empesté de
marécages, infesté de fauves. Il fut défriché,
assaini, purgé, sur nombre de points à la fois,
par une pléiade d'hommes que rien ne put
rebuter. Sa fertilité fut mise au jour. Si elle fit
briller les dons qu'il devait à la nature, elle
accusa en même temps l'indignité des hommes
qui n'en n'avaient su tirer aucun parti.

L'une après l'autre les villes se soumirent.
Seuls, les farouches habitants des tribus continuèrent la résistance. Mais que pouvaient contre
la discipline et la science militaires leurs rassem-

blements désordonnés? L'incendie des fermes, le meurtre des colons les vengeaient de leur impuissance. Ils durent enfin reconnaître la supériorité de nos armes et en même temps subir l'ascendant de notre civilisation.

A ces difficultés inévitables de la première heure, s'en ajoutèrent d'autres dont nous fûmes les artisans. Dès le début, des conflits surgirent entre les représentants de l'autorité militaire et ceux de l'autorité civile.

Bien que résolus au profit de l'autorité militaire, ils n'en continuèrent pas moins à embarrasser la situation. La lutte resta sourde. L'autorité civile put s'habituer à sa condition de sujette. La population civile ne s'y résigna jamais. De là des tiraillements qui ont attristé la marche et imposé de retards regrettables.

Le jour est venu où, sans que l'armée perdît de son prestige, chaque chose a été remise en place : en haut le pouvoir civil, semblable à la tête qui pense et qui ordonne ; et à proximité, mais au-dessous du premier, le pouvoir militaire, pareil au bras qui exécute. Cependant, ne vous hâtez pas de triompher et n'allez pas croire que tout soit fini. En se retirant le régime militaire a laissé de nombreux et vivaces préjugés. Par eux son esprit demeure là où lui-même n'est plus.

C'est à les combattre que les colons doivent désormais s'appliquer. C'est le dernier et peut-être le plus opiniâtre ennemi qu'ils aient à vaincre, c'est en eux-mêmes qu'il s'est réfugié.

Qu'ils ne désespèrent pas de cette décisive et difficile victoire ! Grâce à leur énergie, n'ont-ils pas à jamais renversé le préjugé qui déniait à la France les aptitudes colonisatrices ?

Tandis que des gouvernements faibles et hésitants les livraient à tous les caprices de l'arbitraire et à tous les excès de la réglementation, ils s'établissaient fortement sur le champ circonscrit où ils avaient pu pénétrer. Leur nombre allait grandissant. Peu à peu leur zone d'influence gagnait au loin. Ils associaient à leur œuvre de régénération tous les éléments qui s'y rencontraient et ils leur imprimaient une impulsion qui leur est pour toujours acquise. Une fois de plus le caractère national est apparu tel qu'il est : actif, flexible, communicatif, se prêtant aux concessions et éminemment propre à établir des relations nouvelles. Juifs, Maltais, Arabes et Kabyles, tous, à des degrés divers, ont subi son ascendant.

La vaillante race des colons n'a donc pas manqué à la France. Si notre vie coloniale a eu des défaillances, c'est aux gouvernements qu'il faut le reprocher.

Dans toute grande société, malgré l'unité de nation et de gouvernement, certains groupes ont le privilège d'exprimer plus vivement que d'autres une ou plusieurs facultés de l'âme commune.

C'est ainsi, que dans notre Patrie, Paris possède à un plus haut degré que toute autre ville le don de l'enthousiasme. Un vif sentiment du beau, un idéal social et politique très large et très élevé sont les traits saillants de sa physionomie. A cet élan spontané de la volonté vers un idéal qui le passionne nous reconnaissons le Peuple parisien.

De même, les colons algériens ont mis en relief des qualités qui leur donnent dans la grande famille coloniale un caractère particulier. Ardents et actifs d'autant plus que la fortune menaçait de les trahir, ils ont entraîné sur leurs pas l'Algérie entière. Ils ont aussi réhabilité le génie colonial de la France si longtemps calomnié.

N'est-il pas vrai de dire que la plus haute expression de ce génie est dans le Peuple algérien ?

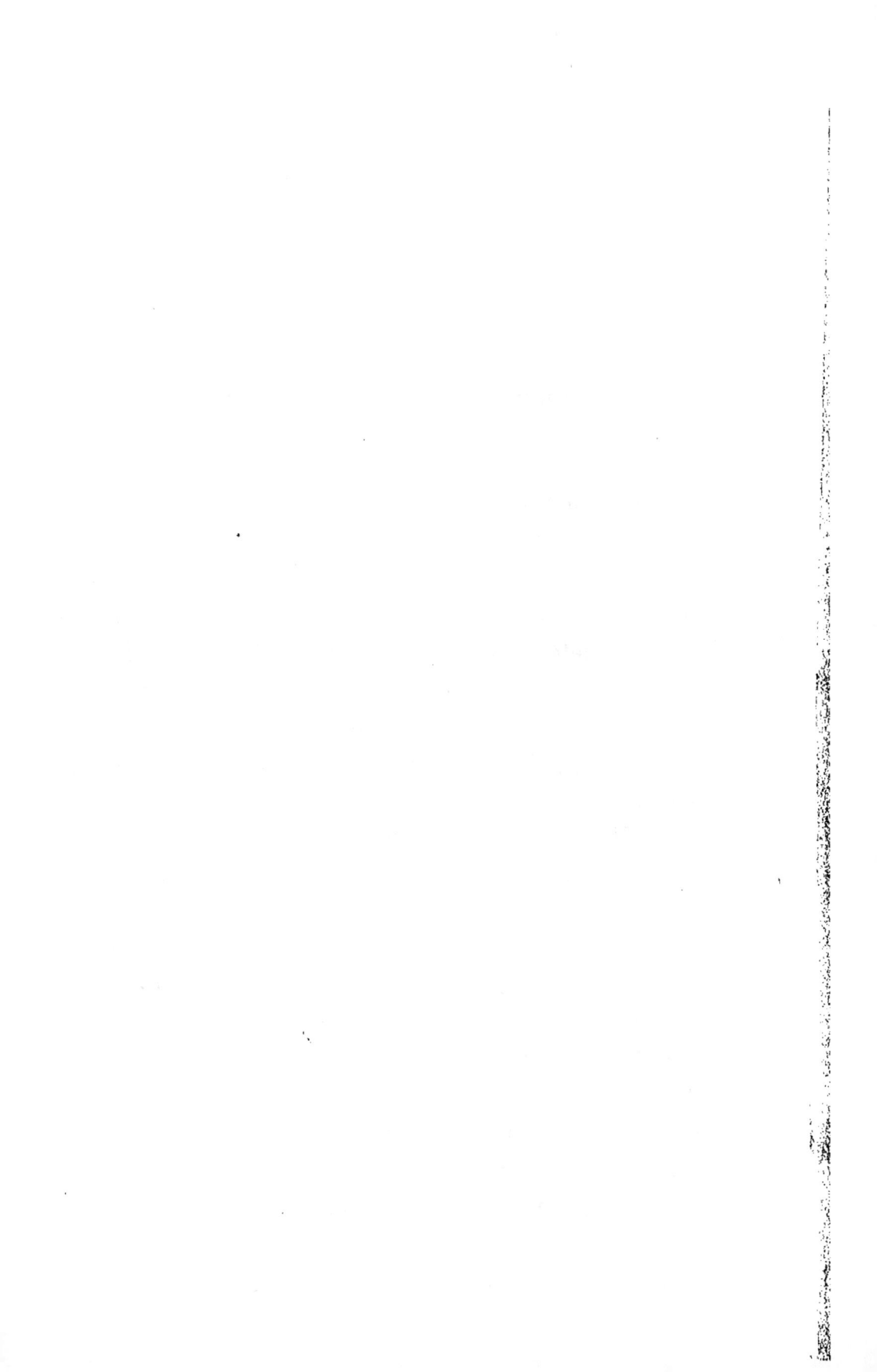

LE PEUPLE ALGÉRIEN

CHAPITRE PREMIER

PROTECTEURS ET PROTÉGÉS

Il s'est fondé à Paris une association dont le but est de défendre les Indigènes contre les abus auxquels ils sont exposés. Son influence s'est fait sentir dès les premiers jours de sa constitution, ce qui s'explique par la notoriété et le talent de ses promoteurs (1).

La presse algérienne a jeté un cri d'alarme. Plus ardente qu'habile, elle a commencé par contester aux journalistes parisiens le droit de s'immiscer dans les affaires algériennes. Puis elle s'est étonnée que quelqu'un osât élever la voix dans l'intérêt des Indigènes. Elle a paru ignorer les abus dont ils souffrent. Sans prendre la peine d'examiner si ces abus indéniables n'ont pas pour cause les vices du système administratif obstinément suivi et s'ils ne tendaient pas à disparaître à chaque pas en avant que fait la colonisation, la presse locale n'a voulu voir dans la nouvelle société qu'une menace pour les colons. Elle s'est donc constituée le champion de leurs droits.

Qui donc, s'est-elle écrié, peut songer à nuire aux Indigènes ? N'ont-ils pas toutes les garanties possibles ?

---

(1) Elle compte parmi ses membres M. Schœlcher sénateur, M. Leroy-Beaulieu membre de l'Institut, M. Ballue député du Rhône, etc.

Ne sont-ils pas, à vrai dire, une entrave constante au développement de la colonisation? Ne lui font-ils pas courir journellement tous les dangers possibles? Est-ce qu'en voulant protéger les Indigènes on ne songerait pas à sacrifier l'intérêt des colons? La protection, c'est à ces derniers qu'il faut en réserver les bénéfices. Les soi-disants défenseurs des Indigènes ne sont autre chose que les éternels ennemis de la colonisation. Derrière eux se cachent les bureaux arabes. Que les colons s'organisent! Qu'ils répondent à la provocation en fondant une société pour la protection de leurs droits! Tel a été le thème qu'ont développé à l'envi les organes algériens. Leur appel a été entendu. La société pour la protection des colons a été organisée et c'est l'honorable M. Paul Bert qui en a pris la présidence.

Voilà donc, par la plus imprudente des conceptions politiques qu'on puisse imaginer, l'Algérie partagée en deux camps ennemis. Ici les Indigènes et leurs partisans. Là les colons et leurs amis. Ne se trouvera-t-il personne qui vienne dire aux uns comme aux autres : Prenez garde! Ceux qui prétendent sauvegarder vos intérêts les compromettent. Ceux qui ne comprennent pas que vous avez tout à gagner à un rapprochement de plus en plus étroit sont les ennemis de votre repos.

Exciter les défiances, perpétuer les malentendus, entretenir l'antagonisme, c'est la guerre à l'état latent.

Que faut-il pour l'allumer? L'étincelle que le moindre choc fait jaillir.

L'insurrection, vous savez qui en paye les frais. Pour les Indigènes, c'est la ruine et le dépeuplement.

Pour les colons, ce sont des deuils irréparables et des pertes matérielles qui, après les indemnités payées, n'en sont pas moins cruelles.

Si chaque insurrection se résout invariablement par un pas en avant de la colonisation, si le séquestre fait affluer de temps en temps les ressources territoriales qui semblaient devoir tarir, n'allez pas vous réjouir de l'insurrection, ne vous croyez pas obligés d'applaudir au séquestre. Ce sont là des extrémités qui accusent l'ignorance et l'inertie des gouvernants. Dites-vous que plus de prévoyance et d'application suffiraient à pourvoir par des procédés réguliers aux besoins d'une colonisation active.

Il serait temps d'étouffer l'esprit d'insurrection en supprimant les griefs dont il s'autorise.

Le mauvais gouvernement! voilà le risque contre lequel Indigènes et colons devraient également s'assurer. N'en souffrent-ils pas au même degré?

D'où viennent leurs maux si ce n'est de cette source commune?

Etrange situation que celle du gouvernement de l'Algérie placé entre deux sociétés qui, avant d'entrer en lutte, semblent se retourner vers lui pour lui dire : « Du moment que tu es incapable de nous assurer la protection que tu nous dois, permets que nous nous arrangions pour nous protéger sans toi et malgré toi. » Vous entendez certains indigènes tenir ce langage : « Quand la colonisation réclame « des terres, ne saurait-on lui en procurer sans nous « priver des nôtres? La police et la justice sont encore « faites de telle sorte que, dans bien des cas, pour « un coupable qui échappe, on s'expose à punir cent

« innocents. Dans quelle mesure a-t-on supprimé les
« abus de l'administration indigène? Les exactions
« des caïds, les prévarications des cadis, nous en
« souffrons toujours. On n'entend plus nos plaintes
« contre les bureaux arabes, soutiens de nos grands
« chefs; mais combien d'administrateurs civils qui
« n'en reproduisent que trop souvent les allures et
« les défauts! D'où vient que notre sort change si
« peu? S'il est vrai que l'opinion soit la puissance du
« jour, c'est à elle que nous en appelons. »

Puis les colons élèvent la voix : « On nous invite
« à vivifier par le travail un pays inculte, à venir
« peupler de nouveaux villages. Bien-être et liberté,
« telle sera la récompense de nos efforts. Décevantes
« promesses! Une fois arrivés et après une ruineuse
« attente, que nous dit-on? « Les terres font défaut. »
« Nous voyons de plus que la petite quantité de celles
« qui sont disponibles, au lieu d'être attribuées au
« plus capable, ne sont le plus souvent que le prix
« de la faveur. Si du moins nos propriétés et nos
« personnes étaient suffisamment garanties! Con-
« naissez-vous un bien plus précieux que la sécurité?
« Que de fois ne nous l'a-t-on pas promise! Voyez
« cependant! les attentats succèdent les uns aux
« autres sans interruption. Et l'administration! Quel
« discernement apporte-t-elle à l'emploi de ses
« budgets? Où sont les économies de personnel?
« Quand obtenez-vous la prompte expédition d'une
« affaire? »

Voilà, au fond, les sujets de mécontentement qui se
trouvent dans la résolution prise de part et d'autre.
Indigènes et colons, sous le coup de déceptions

répétées, cherchent à s'attirer, chacun de leur côté, les sympathies de l'opinion. Rien de mieux.

Leur erreur est de se regarder en ennemis et de se reprocher mutuellement leurs souffrances.

En dépit de leurs éxagérations, leurs plaintes ont un côté vrai.

Que ne se tournent-ils contre l'inertie du Pouvoir? Le véritable auteur de leurs maux est celui qui, pouvant fournir des solutions, n'impose que des expédients; qui, pouvant désarmer les antagonismes et les amener à composition, semble s'étudier à en accroître la divergence. Voilà l'auteur responsable! C'est contre lui qu'Indigènes et colons devraient se retourner, au lieu d'échanger entre eux des regards de haine. « Je ne constate, écrivait le docteur Warnier en 1865, entre les colons et les Indigènes qu'une tendance très marquée vers la conciliation des intérêts. Il n'y a que des brouillons intéressés à jeter entre eux la zizanie afin de pouvoir pêcher plus facilement en eau trouble (1). »

Ces paroles n'ont pas cessé d'être vraies.

(1) *L'Algérie devant l'empereur*, page 204.

CHAPITRE II

LA FUSION

La race arabe est-elle douée des facultés qui lui permettraient de gravir sans peine les degrés de la civilisation ? Aura-t-elle la force de résister aux brusques changements que l'irruption de l'élément européen imprime à son atmosphère sociale ? L'Arabe est-il irrémédiablement condamné à ne connaître que son état social actuel, si voisin de la barberie, sans pouvoir s'élever plus haut ? ou au contraire faut-il espérer qu'il saura se plier aux exigences des sociétés modernes ?

Dans la première hypothèse, l'Arabe est un être nuisible en ce sens que sa présence ralentit les progrès de l'œuvre civilisatrice et retarde l'heure de son triomphe. La société nouvelle ne saurait mettre dans une égale balance son propre intérêt et celui d'une race immobile qui stérilise tout à son contact au lieu de tout féconder. Que l'Arabe s'efface donc ! que l'obstacle disparaisse ! ainsi le veut l'ordre de la nature ! Que la loi de sélection ait son cours ! Mais si c'était la seconde hypothèse qui fût la bonne ? Si, loin d'être réfractaire à la civilisation, il était prouvé qu'il y est sensible et qu'il en réclame les bienfaits ? Notre intérêt et le sien ne seraient-ils pas de faire tomber les *barrières* qui lui *interceptent* la route ?

Quant à nous, nous croyons que l'Arabe est assimilable. Nous regardons l'opinion contraire comme le préjugé le plus funeste et le plus capable de susciter de regrettables complications. Dans les voies de la civilisation certains peuples sont arrivés plus vite que d'autres à l'âge de majorité. Relativement à nous, la race arabe est une race mineure ; ce n'est pas une race inférieure.

I

LES KABYLES SE SONT ÉPRIS DE NOTRE CIVILISATION

Quand on veut traiter ce sujet, on oublie généralement de faire une distinction fondamentale. L'habitude fait qu'on désigne sous ce nom d'Arabes les populations indigènes de l'Algérie. Or il est aujourd'hui démontré que les Arabes ne forment qu'une fraction, non la plus importante, de ces populations. Les Kabyles sont plus nombreux. Ils sont la race originaire qui, refoulée par les conquérants successifs, les Romains d'abord, les Arabes ensuite, en dernier lieu les Turcs, a cherché un refuge dans les montagnes. Derrière cet abri, cette race a conservé son génie propre, pur de toute altération. Ni le temps, ni les envahisseurs n'ont eu de prise sur sa langue, ses institutions et ses mœurs qui se sont retrouvées, après tant de siècles, dans toute leur originalité.

Peuple essentiellement agricole, industriel et commerçant, les Kabyles ont vu leur développement économique s'arrêter, non par suite d'une imperfection de leur nature, mais parce que leurs communications avec le dehors ont été coupées, l'invasion ayant tracé autour d'eux comme une ceinture d'investissement. Le souci de leur indépendance fut pendant cette longue période de leur histoire leur unique préoccupation. Ils s'y absorbèrent.

Depuis que la France les a englobés dans sa sphère d'action, ils ont pris leur parti de leur nouvelle situation, dont ils ont vite compris les avantages. On les voit, dans nos plaines, apporter à nos colons le concours précieux de leur main-d'œuvre (1). Sur nos marchés ils accourent en foule nous offrir les riches produits de l'olivier et du figuier. Ils travaillent les métaux. Leur outillage à beau être des plus rudimentaires, les ouvrages qui sortent de leurs mains trahissent un tel sentiment de la couleur et du dessin que l'industrie parisienne n'a pas dédaigné de s'en inspirer.

En 1871, poussés par certaines influences, sur lesquelles nous voulons plus loin tenter de faire la lumière, les Kabyles prirent les armes, jetant l'épouvante au sein de la colonisation. La France sortait toute meurtrie des aventures où l'Empire l'avait entraînée, et, maintenant conduite par la réaction, elle allait tomber au milieu de la surexcitation des esprits, dans l'affreux dénouement de la guerre civile ! Les Kabyles firent-ils entrer ces circonstances dans leurs calculs ?

Toujours est-il que s'ils rêvèrent la délivrance ils

_____

(1) Ils s'emploient également dans nos usines, et le renfort de bras qu'ils apportent est bien apprécié par tous ceux qui les emploient, car ce sont de bons et sobres travailleurs se contentant d'un salaire modique et bien gagné. (*La Kabylie*, journal de Bougie.)

eurent un terrible réveil. Leur folle équipée fut suivie d'une répression exemplaire. Chose étrange ! il semble qu'un secret instinct les ait aussitôt avertis de la perfidie des excitations auxquelles ils n'avaient pas su résister.

Presque au lendemain de leur soumission, cédant à une sorte d'intuition, ils s'engagèrent dans une direction inattendue. Ils demandèrent en même temps la naturalisation, et des créations d'écoles françaises.

Dans les premiers jours du mois de septembre 1871 la population de Bougie vit avec surprise arriver de nombreux groupes indigènes, appartenant à diverses tribus, qui se rendaient auprès du juge de paix pour remplir les formalités nécessaires à la naturalisation. Que fit l'autorité militaire de qui ces indigènes relevaient ? Elle mit en prison les plus influents, de manière à intimider les autres. Puis les cavaliers du bureau arabe furent envoyés dans toutes les directions pour enjoindre aux Kabyles que la contagion aurait gagnés, de rester chez eux.

Malgré tout, quatre-vingt-deux Kabyles réussirent à se faire inscrire à la mairie et obtinrent du juge de paix les actes de notoriété exigés pour l'instruction des demandes. Ce succès partiel ne laissa pas d'encourager la tribu des Beni-Mohali qui, tout entière, se rendit à Bougie pour remplir les formalités. Mais telle fut l'attitude de l'autorité militaire, qu'elle dut renoncer à tout projet de ce genre. Les chefs de la tribu n'en portèrent pas moins plainte au préfet de Constantine. Recours bien illusoire, hélas ! mais qui montre de quel côté, après leurs malheurs, ces rudes montagnards attendaient le secours.

Pour leur demande de création d'écoles ils firent le voyage d'Alger. Ce fut le recteur de l'Académie qui reçut leurs délégués au nombre de cent quarante-deux (1). C'étaient leurs chefs eux-mêmes. Ils voulaient des instituteurs français. Peu après les Jésuites fondèrent des écoles qui eurent un plein succès.

Donc, pas de difficultés ! En ce qui concerne les Kabyles on est à peu près unanime à le reconnaître, la fusion n'est pas en elle-même impossible.

C'est affaire de temps et de bonne volonté de notre part, la leur ne faisant pas défaut.

II

LES ARABES DU MOYEN-AGE

Le doute subsiste en ce qui touche les Arabes. A ceux qui les considèrent comme frappés d'une déchéance intellectuelle et morale originelle et comme impénétrables à l'action des idées modernes, enfermés qu'ils seraient dans le Coran comme dans une prison, l'histoire se charge de répondre.

Pendant le moyen âge, lorsque l'Europe est envahie par les peuples du Nord, eux sont les gardiens de la science qu'ils s'efforcent d'agrandir en cultivant la philosophie et en étudiant la nature.

La première impulsion leur est donnée par le calife

(1) « Les Kabyles, ces hommes laborieux, attachés à un sol souvent ingrat, mais admirablement cultivé, demandent d'eux-mêmes des écoles françaises et offrent leurs enfants pour nos collèges. » — M. de Salve, Recteur de l'Académie d'Alger. Discours à la distribution des prix du Lycée, 28 juillet 1873.

Abou-Giafar-Almanzor. Ils fondent l'école de Bagdad.
Les Arabes possédèrent à cette époque une activité
remarquable. A l'opposé des Israélites, leur caractère
les porta à se fondre avec les peuples vaincus. Ils
apportèrent avec eux leur religon, une langue per-
fectionnée et les fleurs d'une poésie dont s'inspirèrent
plus tard en province les troubadours.

Ils portèrent les arts mécaniques à un haut degré
de perfection.

Exemple : l'horloge à eau envoyée à Charlemagne
par Haroun-el-Raschid. Un observatoire remarquable
existait à Bagdad. Deux astronomes, Send-ben-Ali et
Khalet-ben Ab-delmalek, prirent la mesure d'un degré
du méridien et l'on vit les travaux de Ptolémée soumis
à des rectifications par des Arabes qui rédigèrent trois
tables sur les mouvements des planètes. L'école de
Bagdad obéit à un esprit réellement scientifique. Les
maîtres enseignent à marcher du connu à l'inconnu, à
se rendre un compte exact des phénomènes et à
n'accepter que ce qui a été démontré par l'expérience,
méthode qui, plusieurs siècles après, a valu aux
modernes leurs plus belles découvertes. L'application
de l'algèbre à la géométrie est due à Thébit-ben-Corrah
mort en 900 de l'ère chrétienne. A la fin du xᵉ siècle,
l'école de Bagdad fut emportée dans la tourmente qui
amena les Croisades et l'invasion des Mongols. Mais
alors brille le Caire et plus tard Cordoue. En 1040, le
Caire possédait 600 manuscrits de mathématiques
et d'astronomie et de plus deux globes célestes fa-
briqués l'un par Ptolémée et l'autre par Abderraman-
Soufs.

L'Orient nous cache bien des manuscrits, et c'est

une erreur de croire que les Arabes ne se sont pas élevés au-dessus des rêves astrologiques.

Leurs efforts n'ont pas été étrangers au développement des connaissances humaines et leur exemple a servi à la renaissance des lettres et des arts en Europe.

A Cordoue les Califes favorisèrent le mouvement littéraire. Les nouvelles de Hariris, les fables de Lokman, le recueil des Mille et une nuits, témoignent du goût littéraire et de l'imagination des Arabes.

Les principales villes avaient de riches bibliothèques et des collèges où les mathématiques étaient enseignées. Notre système de numération appartient aux Arabes ainsi que l'usage des chiffres. La trigonométrie est la partie de la science qu'ils traitèrent avec le plus de soin, à cause de ses applications avec l'astronomie ; la géométrie descriptive ne leur doit pas moins. Ils firent des travaux considérables sur l'optique. Citons l'optique d'Alhazen qui offre des réflexions judicieuses sur la réfraction et sur les miroirs, sur la grandeur apparente des objets et le grossissement du soleil et de la lune vus à l'horizon. On connaît la date des premiers emprunts faits par les Latins aux Arabes. Voici quelques dates : en 980, Gerbert, plus tard pape sous le nom de Silvestre II, introduisit les connaissances mathématiques qu'il avait puisées en Espagne. En 1128, l'Anglais Adhélard rapporta d'Egypte les éléments d'Euclide qu'il avait traduits de l'arabe. En 1200, Léonard de Pise compose un traité sur l'algèbre qu'il avait apprise chez les Arabes.

On doit regarder les Arabes comme les véritables fondateurs des sciences naturelles. Ils constituèrent la pharmacie chimique. Ils sont les auteurs des premières prescriptions magistrales nommées *dispensatoires*. La pharmacie et la matière médicale les conduisirent à l'étude de la botanique et de la chimie. De même que l'astrologie avait contribué aux progrès de l'astronomie, de même l'alchimie amena les plus précieuses découvertes. Abou-al-Koufl et Abou-Arrassi (VIIIe et Xe siècles) donnèrent la formule des acides sulfurique et nitrique, de la préparation du mercure, etc. On doit aux Arabes l'usage de la rhubarbe, du camphre et d'autres substances. Ils enrichirent l'herbier de Dioscoride de 2.000 plantes.

Ils ne sont pas restés étrangers aux recherches philosophiques. Bien que les philosophes se soient laissés trop aisément dominer par les théologiens, il n'est pas permis de dire que le Coran se soit absolument opposé à l'essor philosophique. On trouve chez les philosophes arabes de nombreuses écoles dissidentes. Les unes mettaient la raison au-dessus de la foi (*motazélites*); les autres considéraient la religion comme la base du raisonnement (*motakallims*).

Les naturalistes niaient l'immortalité de l'âme et la résurrection. Les hernanites professaient la doctrine de la métempsycose.

Dans l'industrie, quelle ne fut pas leur renommée? Ils furent sans rivaux comme tanneurs, fondeurs, ciseleurs, fourbisseurs d'armes et fabricants d'étoffes; ces cimeterres d'une trempe irrésistible, ces cottes de maille si légères et si impénétrables, ces tapis moelleux, ces fins et brillants tissus de laine, de soie ou de

lin attestent assez leur incontestable supériorité dans
tous les arts industriels (1).

III

LES ARABES DE NOS JOURS

J'ai décrit un peu longuement les principaux effets
du mouvement de civilisation qui s'est produit chez les
Arabes au moyen âge. Mon excuse est dans la nécessité où je me trouvais de répondre à l'objection qui
impute leur état présent à la fatalité de race ou de
religion.

Mais le préjugé est répandu. Il est vivace. Les
leçons du passé vous laissent froids. On insiste. Si le
génie arabe, dit-on, a pu jadis donner naissance à des
sociétés qui aient brillé d'un tel éclat, comment a-t-il
pu s'éteindre à ce point qu'au choc de la civilisation
française il n'en jaillisse point la plus petite étincelle ?
Montrez-nous quelque part aujourd'hui une manifestation qui nous le fasse reconnaître. Sans cela nous
nous refusons à croire à son existence dans le passé
et à sa renaissance dans l'avenir.

Les faits qui tendent à éclairer la question de l'assimilation des Arabes sont nombreux. Qu'on ne dise
pas que la plupart sont insignifiants. Les menus faits
peuvent acquérir une réelle importance. De faibles
clartés, dont tous les rayons seront habilement dirigés
sur un seul et même objet, l'éclaireront d'une vive
lumière. De même, en condensant certains faits parti-

(1) Sédillot, *Histoire des Arabes.*

culiers, çà et là disséminés et auxquels on n'a pas
accordé assez d'attention, nous arriverons à nous
convaincre que le problème doit être autrement résolu
que ne le pensent bien des gens.

Dans l'ordre des professions libérales, les Arabes
ne se sont fait encore qu'une très faible place. Quelques
officiers de santé, un certain nombre d'interprètes,
c'est à peu près tout. Néanmoins on constate dans
cette voie quelques efforts sérieux de leur part.
L'un d'eux, Taïeb ben Marsly, porte dignement le titre
de docteur en médecine qu'il a reçu d'une de nos
Facultés (1).

En Agriculture, l'assimilation est presque un fait
accompli. Les Indigènes se façonnent peu à peu à
notre culture et à nos pratiques agricoles.

En 1875, Européens et Indigènes ont cultivé en
céréales, 2.949.934 hectares et récolté 19.676.270 quintaux métriques. Cherchons le rapport qui existe entre
la culture européenne et la culture indigène :

Rendement de l'hectare européen : blé tendre
8,74 quintaux métriques ; blé dur 7 quintaux métriques ; orge 8,36 quintaux métriques. Rendement de
l'hectare indigène : blé tendre 6,31 quintaux métriques ;
blé dur 4,56 quintaux métriques ; orge 7,78 quintaux
métriques.

La différence était plus grande quinze ans auparavant. Elle finira par être nulle.

Les Indigènes bénéficient largement de tous les
progrès de la colonisation. Les Ingénieurs ont constaté

(1) Journal *Le petit colon* du 4 mars 1883. Le n° du 6 mars annonce
que 3 Arabes ont été admis après concours dans les corps des interprètes
militaires, 6 autres dans le corps des interprètes judiciaires.

qu'entre Alger et Oran, le long de la voie ferrée, leurs cultures se sont étendues sur une large bande.

Les Arabes des villes ne sont pas restés en arrière. Leur activité commerciale est sérieusement stimulée par celle des Européens et des Juifs. Après être restés à l'écart par suite des rancunes de la conquête, ils sont entrés dans le courant qui permet d'arriver à la fortune par les entreprises commerciales. Plusieurs d'entre eux ont pu racheter les propriétés de leurs ancêtres, qu'ils ont agrandies et embellies. Ils ne se sont pas contentés d'exercer avec succès le commerce de l'épicerie, des denrées coloniales, du tabac. Ils ont noué des relations avec la Perse, la Turquie, l'Inde, l'Arabie et l'Abyssinie. Grâce à eux, Alger offre encore dans certaines rues l'aspect d'un bazar oriental. Leurs représentants siègent dans nos chambres de commerce où ils jouissent de la considération et de l'estime de leurs collègues européens.

Passons à des faits d'un autre ordre. Voici un vœu présenté au conseil général d'Alger par les assesseurs musulmans qui y siègent (1) :

« Nous demandons, disent-ils, que les orphelins « indigènes soient élevés dans des établissements « laïques communs aux diverses races de l'Algérie. »

Où trouver une meilleure preuve que les idées de fusion sont admises par les Arabes les plus éclairés et les plus influents ?

Lors de la grande enquête agricole, en 1868, ne vit-on pas des Arabes revendiquer hautement les avantages de l'assimilation ? Ouvrons le volume de

---

(1) Ont signé : « Ali Chérif, ben Brihmat, Ben Siam Ahmed Bonkandoura.

l'enquête, page 264 : Hadj et Mekki, conseiller municipal, exprime le vœu que le régime civil soit appliqué aux Arabes. Si Mostfa ben Ghaffour, au nom des indigènes du douar de Ghesofra, demande l'assimilation aux colons afin de jouir des mêmes avantages.

Page 276 : Sidi Tahami bel Aouni, Cheik des Indigènes de Mascara, demande l'agrandissement du territoire civil et le développement de la colonisation européenne. Trois Indigènes s'associent aux déclarations du Cheik et signent avec lui le procès-verbal de l'enquête.

Le besoin d'instruction s'est fait jour parmi les Indigènes. L'enquête en fait foi. Malgré tout, bien des gens doutent encore. Naguère un incident a surgi au conseil municipal d'Alger (1), dont les contradicteurs se sont emparés en faveur de leur thèse. Un membre ayant proposé d'étendre aux Indigènes des villes la loi du 28 mars 1882 sur l'instruction obligatoire, un conseiller musulman déclara que les Arabes n'accepteraient jamais l'*obligation*.

Il me semble qu'on a exagéré la portée de cette manifestation.

D'abord le conseiller indigène ne paraît pas avoir protesté contre l'instruction, mais seulement contre l'obligation. En second lieu sa protestation ne prouve pas autre chose, sinon que les esprits rétrogrades sont de tous les pays, et qu'il peut se rencontrer en pays musulman des adversaires de l'obligation, puisqu'en France l'espèce n'en est pas rare.

Pour qui tient compte des faits qui précèdent, il devient difficile de révoquer en doute la faculté de

(1) Séance du 26 décembre 1882.

régénération des Arabes Algériens. Les statistiques judiciaires confirment pleinement cette manière de voir. Elles montrent les Indigènes de plus en plus empressés à rechercher notre justice. Plus de la moitié des affaires jugées par la Cour d'appel d'Alger sont des affaires musulmanes.

Combien n'y a-t-il pas d'Arabes qui désertent le prétoire des Cadis et qui vont chez les notaires passer les actes, ou par-devant les tribunaux de première instance et de commerce faire vider leurs différends !

Dans ces derniers temps le nombre proportionnel des affaires entre mulsumans portées devant les tribunaux a presque triplé : 115 sur 1.000, au lieu de 40 sur 1.000 en 1872. Remarquez d'autre part que celui des causes dans lesquelles les musulmans sont engagés avec des Français ou d'autres Européens a également suivi un mouvement ascensionnel.

Est-ce que cette confiance dans la justice française ne parle pas assez haut ? Ces procès mêmes, entre Français et Arabes, ne portent-ils pas avec eux un enseignement fécond ? Ne nous indiquent-ils pas que le mélange des deux races n'est pas aussi impossible qu'on le prétend ? Le sentiment de la justice, le goût des affaires, voilà deux traits caractéristiques que nos Indigènes présentent aux regards de l'observateur. Voilà ce que nous oublions par trop facilement, quand il s'agit de régler leurs rapports soit entre eux, soit avec nous. C'est ainsi qu'aujourd'hui encore le Conseil d'Etat examine un projet de décret sur la justice musulmane préparé par le premier président de la Cour d'appel d'Alger, qui constituerait, s'il était adopté, un véritable anachronisme.

Quand nous déciderons-nous à substituer nos lois à une législation énervante et notre magistrature à des juges déconsidérés aux yeux mêmes de leurs coreligionnaires?

On s'est donc singulièrement mépris sur les difficultés d'un rapprochement entre les Indigènes et les Colons. Dès qu'on interroge les faits sans parti pris, leurs réponses sont favorables à la politique d'assimilation.

Le temps n'est pas loin où le gouvernement et l'opinion accorderont à ces idées toute l'attention qu'elles réclament (1).

(1) J'ai plaisir à invoquer le témoignage des instituteurs du département d'Alger. Ces honorables et modestes fonctionnaires ont examiné en réunion générale la question de l'instruction des Arabes et des Kabyles.

De nombreux faits puisés à la source de l'expérience et de la connaissance de chacun leur ont démontré que les uns et les autres étaient non seulement susceptibles d'apprendre notre langue, mais de plus qu'ils désiraient et cherchaient à l'acquérir. Les moyens pratiques leur avaient seuls manqué jusqu'à ce jour. (Journal du *Petit Colon*, 1er avril 1883.)

CHAPITRE III

LES INSURRECTIONS

On met communément les insurrections sur le compte du fanatisme et de l'esprit de nationalité des Arabes. Il serait plus juste de les attribuer aux vices du régime auquel on les a soumis.

J'écarterai pour le moment la question du fanatisme arabe et de ses effets.

Je ne rechercherai pas davantage jusqu'à quel point les Arabes peuvent être agités par l'esprit de nationalité. Je veux simplement remonter aux causes qui ont ostensiblement donné naissance aux insurrections les plus récentes.

I

RÉVOLTES DES GRANDS CHEFS

Depuis le mois d'avril 1864, l'insurrection des Ouled Sidi-Cheik n'a pas cessé de troubler le Sud oranais. L'incursion de Bou Amena n'est qu'un de ses épisodes, le plus sanglant de tous. Avant cette époque nous n'avions eu qu'à nous louer de cette tribu. N'avait-elle pas contribué en 1853 au succès de notre expédition de Laghouat? Plus tard ne s'était-elle pas emparée, pour notre compte, d'Ouargla, avec ses seuls contingents?

Comment, après de tels actes, se retournait-elle contre nous? Il avait suffi d'un choix malheureux pour le commandement du cercle de Tiaret.

L'histoire de l'insurrection des Ouled Sidi-Cheik n'est autre chose que l'histoire de la famille Si hamza.

Ce sont les membres de cette famille qui, après nous avoir servis, ont entraîné dans l'insurrection les populations du Sud oranais.

Primitivement l'influence de cette famille était purement religieuse. Au lieu de s'attacher à l'amoindrir, le gouvernement du maréchal Randon imagina de placer entre les mains de ces marabouts le pouvoir politique et militaire. Le Khalifalik constitué au profit de Si hamza et des siens n'embrassait pas moins de huit degrés géographiques de l'Ouest à l'Est et quatre degrés du Nord au Sud.

Il comprenait les tribus des Ouled Sidi-Cheik Cheraga, les Chaâmba de Metlili, les Chaâmba d'El Goléa, Ouargla et son groupe d'oasis, Agoussa et les tribus qui en dépendent. Une politique mieux avisée se serait bornée à entourer le marabout de la plus grande considération, afin d'éviter de s'en faire un ennemi. Elle aurait confié le commandement des tribus à des chefs ne possédant pas le prestige religieux. Mais on préféra réunir sur la même tête le pouvoir politique et le pouvoir religieux. Les conséquences de cette erreur ne se firent pas sentir tant que le commandement fut exercé par Si hamza. Mais lorsque, à sa mort, son fils Si Sliman lui eut succédé, elles apparurent dans toute leur gravité.

En 1864, le colonel Beauprêtre fut appelé aux fonctions de commandant supérieur du cercle de Tiaret dont dépendaient les Ouled Sidi-Cheik. C'était un homme violent; telle était l'impression que cet officier avait laissée dans les différents postes qu'il avait occupés soit en Kabylie, soit à Aumale.

Des froissements ne tardèrent pas à se produire entre lui et Si Sliman.

Blessé dans son orgueil, impatient de se soustraire à une autorité importune, Si Sliman résolut de lever ses campements et de se retirer avec les siens au Touat vers le Sud. Beauprêtre, accouru avec une escorte d'une centaine d'hommes pour arrêter ce mouvement, fut massacré avec tout son monde.

Si Sliman, tué dès le commencement de l'action, fut remplacé par son frère Si Bou Beker qui devint ainsi le chef de la révolte. Telle a été, dans ses origines, cette insurrection qui depuis vingt ans n'a cessé d'agiter le Sud oranais. Les populations se seraient-elles laissées entraîner aussi facilement si nous n'avions commencé par abandonner leurs destinées aux mains de chefs dont nous avions eu le tort d'accroître démesurément l'importance ?

Il est permis d'en douter.

Voici une insurrection encore plus ardente et plus désastreuse, bien que promptement étouffée, celle de 1871.

Qu'y trouvons-nous ? Les mêmes fautes de notre part, une politique mal inspirée, l'orgueil des chefs surexcité par nous, notre autorité imprudemment concédée à des personnages religieux.

Cette insurrection a pourtant ceci de particulier

qu'elle a eu pour but systématique et prémédité,
de la part des chefs les plus comblés par la France,
d'anéantir la colonisation et de rendre impossible
l'établissement d'une administration civile. On vit,
pour la première fois, les Arabes et les Kabyles,
cédant à la pression de leurs chefs, se réunir dans
un soulèvement commun. Si Mohamed ben el hadj
Ahmed el Mokrani était, depuis longtemps, caïd de la
tribu des kachems.

Comme si son prestige n'était pas assez grand, on
l'avait nommé bach-agha de la Medjana. Autour de
lui se groupaient quatorze caïdats remis aux mains
des Ouled Mokrani, ses parents.

Honoré de l'amitié de nos généraux, hôte habituel
des fêtes de Compiègne, le bach-agha s'était presque
complètement affranchi de l'autorité du bureau arabe.

Il se considérait comme un des principaux représentants du régime militaire et envisageait sa person-
nalité comme l'affirmation même de ce régime dont
il était la créature. Lors du vote du corps législatif
du 9 mars 1870 (1), M. le Maréchal de Mac-Mahon
ayant donné sa démission de Gouverneur général,
le bach-agha offrit aussitôt la sienne qui ne fut pas
acceptée.

Un décret du 3 septembre 1870 ayant institué un
commissariat civil à Bordj-Bou-Arréridj, le bach-agha
en fut vivement irrité. Il comprit que cette création
impliquait, dans un temps peu éloigné, le développement de la colonisation et l'effacement de son rôle
politique. Il disait à qui voulait l'entendre : « Je ne me

_____

(1) Considérant que le régime civil peut seul concilier les intérêts
des Indigènes et des Européens, etc...

soumettrai jamais à un gouvernement civil. » Le décret du 24 décembre 1870, qui englobait dans le territoire civil une grande partie de son commandement, le trouva dans ces dispositions.

Dans les premiers jours de mars 1871, le bachagha envoya une deuxième fois sa démission, bientôt suivie d'une audacieuse déclaration de guerre. Il ne se considérait pas, disait-il, comme lié vis-à-vis du gouvernement civil.

Mokrani était le maître de la Medjana. Il l'était aussi de la Kabylie par l'intermédiaire du bac-agha ben Ali Chérif, son ami intime.

Avant la conquête de son pays par le maréchal Bugeaud, Ben Ali Chérif n'était qu'un prêtre vivant de la pratique du culte musulman. De ce prêtre nous fîmes peu à peu un fonctionnaire politique et militaire du rang le plus élevé.

C'est de lui que se servit Mokrani pour jeter la Kabylie dans l'insurrection.

Une troisième influence vint s'ajouter à ces deux premières. Sans elle, l'insurrection n'eût jamais pris les proportions redoutables qu'on lui vit.

Le grand maître des Khouan (frères en religion) de Ben-Abder-Rahman, Ben Haddad, berbère pur sang, s'était substitué, à force d'adresse d'une part à l'autorité religieuse de Ben Ali Chérif, depuis que ce dernier avait préféré la politique à la religion, et d'autre part à l'autorité héréditaire des Mokrani depuis que le chef de cette famille était devenu un fonctionnaire français.

L'amoindrissement du prestige religieux de Ben Ali Chérif dont profitait Ben Haddad avait fait naître entre ces deux personnages une rivalité qu'il nous importait d'entretenir, surtout dans les circonstances difficiles que nous traversions.

Une rivalité non moins vive, quoique d'un autre genre, neutralisait en partie la puissance de Mokrani dans la Medjana.

Deux partis ou çofs se partageaient les Ouled Mokrani. L'un avait à sa tête le bach-agha lui-même, l'autre, son cousin Ben Abdesselam, caïd des Grazla. Les Turcs, qui n'avaient pas une armée d'occupation comme la nôtre, avaient toujours opposé les influences indigènes les unes aux autres et les avaient ainsi neutralisées. Le secret de leur domination n'est pas ailleurs.

Cette politique, le gouvernement militaire avait cru devoir se l'approprier. Au moment où elle pouvait nous être le plus utile, que fit-il? Il l'abandonna.

Sous les auspices du général Augeraud, commandant la division de Constantine, eut lieu à Akbou une entrevue entre les quatre personnages que nous venons de faire connaître. Ben Haddad, empêché par l'âge, s'était fait remplacer par Si Azziz, le second de ses fils.

En se rendant à Akbou, résidence de Ben Ali Chérif, Si Mohamed el Mokrani s'arrêta dans plusieurs tribus et, réunissant les Kebars (notables), les excita en ces termes : « Les civils se sont concertés pour renverser « les militaires. Ils ont travaillé à la ruine de l'em- « pereur. Ils préfèrent les Juifs aux Arabes. Ils n'ont « de haine que contre les Arabes et les militaires. « Ils veulent renverser les chefs indigènes comme « les chefs militaires, afin d'avoir seuls l'administration

« du pays. Ils frapperont les Arabes d'impôts consi-
« dérables. Ils ne respecteront ni leurs mœurs ni leur
« religion ; ils leur prendront leurs terres. Le régime
« militaire peut seul nous sauver, il faut donc soutenir
« le régime militaire. »

L'entrevue d'Akbou aboutit à la réconciliation des
chefs rivaux et ennemis.

Divisés, ils étaient impuissants ; leur alliance en-
traîna les indécis et alluma la guerre.

Rien de plus incompréhensible que l'imprévoyance
et l'optimisme de la haute administration dans toute
cette affaire. M. Warnier a raconté qu'étant préfet
d'Alger il fut mis au courant de l'active propagande
faite par un lieutenant ou Mokadden du Cheik-ben-
haddad. Il écrivit au gouverneur pour lui demander
l'autorisation de faire arrêter cet agent. La réponse
qu'il reçut la voici : « Je garantis la fidélité du Cheik-
« ben-haddad ; il n'y a pas lieu à donner suite à la
« demande du préfet d'Alger. »

II

SOULÈVEMENTS POPULAIRES

Après les chefs se révoltant tantôt en haine de
l'autorité militaire, tantôt en haine de l'autorité civile,
mais toujours dans l'intérêt de leurs privilèges,
viennent les insurrections populaires. Elles sont
habituellement dirigées contre les chefs indigènes
eux-mêmes, et sont dues à leurs excès de pouvoir.

L'insurrection de l'Aurès est sous ce double rapport
instructive au suprême degré.

C'est au village d'el-Hammam chez les Ouled-Daoud qu'elle prit feu en mai 1879. Presque immédiatement elle s'étendit à la tribu voisine des Rem-Bou-Sliman. « Mort aux Caïds ! mort aux oppresseurs. » Tels sont les cris de ralliement des insurgés rangés sous la bannière de Mahomed Amzian.

Sous leurs coups, à quelques jours d'intervalle (31 mai, 1er et 5 juin), périssent les Caïds Bachtarzi, et Bou-Diaf, Lhassen fils du Caïd bel-Abbès, dont les bordjs (résidences fortifiées) sont mis au pillage et incendiés. Plusieurs Cheiks subissent le même sort. Dès le 8 juin nos troupes rapidement concentrées étaient campées à Reba. Les bandes insurgées vinrent se briser contre elles. Elles ne songèrent pas à une plus longue résistance et firent leur soumission.

Seule, une fraction chercha le salut dans le Sahara. Plus de 300 de ces malheureux succombèrent dans cette fuite à la fatigue, aux privations et à la soif.

L'insurrection fut l'objet d'une enquête administrative et d'une instruction judiciaire. L'une et l'autre ont recueilli de précieux renseignements sur les agissements des Caïds, sur le sort des populations qui leur étaient confiées, sur l'aveuglement de l'autorité française. L'enquête fut conduite par une commission de trois membres composée du directeur général des affaires civiles, du préfet de Constantine et du général commandant la Division (1).

Il fut démontré que la cause primordiale (2) du mouvement résidait dans les exactions des

(1) MM. Regnault, Graux, Gal Forgemol.
(2) Rapport de la commission.

Caïds ; que c'était contre eux seuls qu'il avait été ori-
ginairement dirigé ; que l'on n'entrevoyait au début
aucune intention agressive contre les Européens et
leur établissement, et que c'était au moment seulement
où les colonnes françaises s'étaient portées en avant
que les insurgés avaient commencé à se préoccuper
de nous et songé à nous attaquer.

Il est difficile de concevoir les maux qu'avaient
à endurer les habitants de l'Aurès, depuis que nous
leur avions imposé le régime des Caïds. La dîme,
les corvées, les supplices, tout cela les Caïds se
l'étaient arrogé. Si une femme ou une fille lui plaisait,
Si-el-Achemi ben-bou-Diaf n'hésitait pas à la faire
enlever à sa famille (1). Des plaintes nombreuses
avaient été adressées à Batna, au bureau arabe. Les
lettres ne parvenaient pas à destination et il arrivait
fréquemment qu'elles tombaient entre les mains des
Caïds qui en tiraient vengeance. Si le plaignant tentait
de se rendre lui-même auprès du chef du bureau
arabe, il y avait là, aux abords, un chaonch, un spahi
traître à ses chefs, dévoué corps et âme aux Caïds,
qui le renvoyait avec brutalité. A son retour, les
amendes pleuvaient dru comme grêle sur l'audacieux.

Faut-il donc s'étonner que le massacre des Caïds
inaugure l'insurrection (2) ? N'était-il pas logique au
contraire de voir dès les premiers jours tomber sous
les coups de ces montagnards, si attachés à leurs
traditions, des Caïds qui, non contents de faire peser
sur les populations un joug si lourd, ne se rattachaient

---

(1) Plaidoirie de Maître Paul Gaillard. Conseil de guerre de Constantine, 16 juin 1880.
(2) Acte d'accusation.

à elles par aucun lien d'origine ? Les Aurassiens sont
en effet de race berbère. Avant notre occupation ils
ignoraient la langue arabe, ne parlant que la tamzira,
dialecte berbère extrêmement doux. Ils ne pratiquaient
la religion musulmane qu'avec tiédeur. Leur législation
n'avait rien de musulman. Tout était réglé dans chacun
de leurs groupes par l'assemblée des Imokranen
(anciens). Au lieu de les gouverner nous-mêmes, ainsi
qu'ils le voulaient, nous les livrâmes à un certain
nombre de Caïds, sans plus de souci. Quand on voulut
se mettre en relation avec eux, on leur parla la langue
du Coran qui n'était pas la leur. Quand il s'agit de leur
donner une loi on choisit précisément celle dont ils
s'étaient défaits, la loi musulmane. Il ne serait pas
excessif de dire que nous avons islamisé l'Aurès (1).

Trois ans auparavant, en mars 1879, les exactions
du Caïd Boulakras ben Ganah avaient également
causé la révolte de l'oasis d'El Amri, à 48 kilomètres
sud-ouest de Biskra. L'oasis appartenait à la tribu des
Bou-Aziz. Par une amère dérision, les plaintes que
ces indigènes avaient adressées au gouverneur
général avaient été renvoyées avec l'ordre d'instruire,
et, après avoir parcouru la voie hiérarchique, étaient
arrivées entre les mains du Caïd qu'elles incri-
minaient.

L'oasis s'était levée en armes à la voix de Mohamed
Yaya, ancien cheik, et du berger ben Aïech. La colonne
du général Carteret dut livrer deux combats (11 et
14 avril) pour en avoir raison. Plus de 400 insurgés
y trouvèrent la mort. Quant aux survivants, les uns

_____

(1) M. le professeur Masqueray, note sur les Oudel-Daoud.

furent déférés au conseil de guerre, d'autres internés en Corse.

Ce qui restait des quatre fractions formant la tribu des Bou-Aziz fut désagrégé et réparti sur différents points. Tous les biens furent mis sous séquestre. Enfin les Bon-Aziz furent frappés d'une contribution de guerre réprésentant huit fois l'impôt de l'année. Depuis, l'oasis a été mise en vente par l'administration du domaine. Le silence a été fait là où les Bou-Aziz n'avaient pas su souffrir et se taire.

L'opinion ne s'était pas trompée sur les causes de ces insurrections. Neuf fois sur dix, disait l'Akbar du 1er mai 1876, une insurrection n'est pas dirigée contre la domination française ; les malversations exorbitantes dont les Arabes sont les victimes de la part de certains de leurs chefs en sont d'ordinaire le point de départ. Tout en réclamant une enquête, le Conseil général de Constantine exprimait la même pensée.

Ne pourrait-on pas appliquer au peuple indigène la parole de Sully : « Ce n'est jamais par envie d'attaquer que le peuple se soulève, mais par impatience de souffrir ? »

CHAPITRE IV

FÉODALITÉ ET DÉMOCRATIE

On chercherait en vain dans la société arabe, encore moins dans la société kabyle, une institution qui ressemblât à notre féodalité du moyen âge, entièrement fondée sur la distribution du sol. Nos seigneurs algériens sont de simples agents du gouvernement, n'ayant d'autre pouvoir que celui qui leur a été délégué. Mais la notion du pouvoir a été singulièrement pervertie dans l'esprit des Indigènes. Les Turcs leur ont appris à ne le considérer que comme un moyen pour celui qui l'exerce de faire rapidement fortune aux dépens des administrés.

C'est ainsi que, parmi ceux que nous avons chargés de nous représenter au milieu des populations conquises, un trop grand nombre ont compromis le nom de la France. Echappant sans peine à tout contrôle, ils ont pu faire souffrir aux tribus qu'ils commandaient en notre nom un régime qui, par ses désordres, ses violences, ses exactions, rappelait les plus mauvais jours de la Féodalité. C'est le mot dont on s'est servi pour caractériser les agents supérieurs de l'administration indigène et leurs abus.

Le maréchal Randon recevait un jour la visite de quelques chefs de la province d'Oran. Un d'eux lui dit : « Quand donc me laisseras-tu manger ? » Le

Maréchal, qui lui trouve la mine prospère, s'étonne. —
« Tu ne me comprends pas, dit l'Arabe ; je te demande
un commandement. » Il voulait dire une de ces places
de caïd où, par les amendes et les exactions, les
chefs indigènes, selon l'énergique expression du pays,
mangeaient leur tribu (1).

Voilà les singuliers agents sur lesquels le régime
militaire s'est constamment appuyé.

Le maréchal Bugeaud qui venait d'ériger en système
le gouvernement des Arabes par les Arabes, portait
sur ses nouveaux auxiliaires un jugement sévère :
« Nous ne pouvons pas livrer plus longtemps les Arabes
à l'arbitraire de chefs avides, qui semblent ne tenir au
pouvoir que pour avoir la faculté de spolier leurs
administrés (2). » Il crut pouvoir les contenir en régle-
mentant toutes choses, en les soumettant à la surveillance des officiers des bureaux arabes. Soins inutiles !

Certains abus ne peuvent être déracinés qu'en
détruisant l'institution dont ils dérivent.

C'est en vain que l'autorité militaire s'est efforcée
de moraliser l'administration indigène. Le plus souvent
sa politique a produit un résultat diamétralement
opposé ; toutes les fois, par exemple, qu'au lieu de
réduire l'importance politique de certains personnages
indigènes, elle a cru devoir l'étendre, ce qui a été
fréquent. Si la politique, l'humanité, les sentiments
paternels que le maréchal Bugeaud voulait prendre
pour règle l'eussent mieux inspiré, il aurait tout simplement supprimé les hauts fonctionnaires indigènes.

(1) Colonel Ribourt : *Le gouvernement de l'Algérie*, page 39.
(2) Circulaire du 12 février 1844.

Cette erreur capitale a produit les plus déplorables malentendus. On s'est habitué à l'idée que les Indigènes devaient avoir une existence à part.

L'idée française a été tenue pendant longtemps en suspicion, et notre seul souci a été de remettre en honneur les coutumes arabes.

L'intérêt de l'Indigène et celui du colon ont été mis en opposition au moment même où il eût été si important d'offrir à tous deux un terrain de conciliation.

On a exalté l'orgueil des grands chefs, et lorsque les progrès de la colonisation ont mis en péril leurs privilèges, ils ont tourné contre elle la force que nous leur avions prêtée. Dans leur conduite vis-à-vis de la France ils n'ont pris conseil que de leur ambition, lui obéissant par intérêt, non par attachement, se révoltant aussitôt que leur position était menacée.

J'ai déjà montré que la grande insurrection de Kabylie en 1871 avait été dirigée par un des chefs que le pouvoir militaire avait le plus comblé d'honneurs et de richesses. Il en est de même de celle des Ouled Sidi Cheik en 1864.

C'est en entretenant les regrets du passé et en fomentant contre nous la haine des Arabes que l'aristocratie des tribus reconnaît les faveurs dont elle est l'objet.

En regard de cette aristocratie, je vois la foule des Arabes dont le sort, malgré tout, est infiniment plus supportable depuis la conquête. Ceux qui vivent dans les anciens territoires civils sont relativement heureux. Etant englobés dans les communes de plein exercice, ils jouissent des garanties d'une administration régulière et ils trouvent à leur portée les moyens de

gagner leur vie. Ils excitent l'envie de ceux qui,
moins favorisés, vivent encore de la vie de tribu dans
les nouveaux territoires civils et dans ceux qui ont
été laissés sous l'ancien régime. Un double courant
règne chez ces derniers.

Les uns tiennent à l'ancien ordre de choses et
prennent parti pour leurs caïds dont ils demandent le
maintien. Les autres veulent un changement absolu
et réclament avec énergie les avantages de notre
administration.

Il est aisé de reconnaître que la tribu arabe a perdu
sa cohésion. Sous l'influence de la colonisation, les
éléments arabes s'échappent du cadre dans lequel ils
étaient enfermés. Ils tendent à se grouper sous la
forme nouvelle que comporte la domination à laquelle
ils ne sauraient se soustraire. L'unité territoriale, la
commune aura bientôt succédé au régime patriarcal
de la tribu.

C'est vers ce but que marche la démocratie arabe
attirée, plus qu'on ne pense, vers la démocratie française, par de secrets instincts et une sorte d'affinité.

Cette démocratie, je l'observe partout où les Français travaillent et combattent.

Dans nos villes, les jours de marché, sur les chan-
tiers de chemins de fer, sur les quais de nos ports, je
l'aperçois venant offrir ses produits ou le concours de
ses bras.

Aux jours de danger, c'est elle qui se joint aux
nôtres et défend la France avec enthousiasme. A
Wœrth et à Patay, c'est la démocratie arabe qui
verse son sang. Je n'y vois pas un seul des grands
chefs indigènes. Où sont-ils donc ? Ils méditent la

grande insurrection qui éclatera peu de mois après.

Il dépend de nous qu'elle accepte nos lois, nos institutions et nos mœurs. Elle accepterait volontiers la naturalisation (1). Si elle vient à nous, c'est qu'elle a le pressentiment qu'elle nous devra son émancipation. Réservons pour elle la plus grande part de notre sollicitude. Il est de mode de se récrier en France contre les désordres qui règnent en Turquie et en Egypte. Nous nous apitoyons sur les souffrances que les vices du gouvernement dans ces deux pays font endurer aux populations musulmanes. Je ne blâme pas cette sympathie, mais à une condition : c'est qu'elle ne détourne pas le gouvernement et l'opinion de ce qui est dû à nos populations indigènes.

Ne l'oublions pas : autant la démocratie arabe est avec nous, autant l'aristocratie est contre nous. Le public français est souvent invoqué en faveur des Indigènes. C'est son honneur. Il ne sera jamais insensible à la voix de la justice et de l'humanité. Mais qu'il ne laisse pas surprendre sa religion. Il y a dans le peuple conquis des individus puissants et des esclaves, des oppresseurs et des opprimés. Les premiers seront toujours défendus. Les moyens ne leur feront pas défaut. La difficulté pour se faire défendre n'existera que pour les seconds.

---

(1) *Conseil général d'Alger*, volume de 1870, page 141.

Un vœu ayant été émis tendant à ce que l'administration encourageât les naturalisations des Indigènes, un conseiller français fit cette observation que la naturalisation était acceptée par les moins instruits et qu'elle était repoussée par les plus intelligents. Aussitôt un conseiller musulman nommé peu après Muphti (sorte d'évêque) par le gouverneur général répliqua : « Je m'honore de repousser la naturalisation, « ce qui ne m'empêche pas d'être aussi bon Français que qui que ce soit. »

Que la démocratie française arrivée, après mille traverses, à l'entière possession d'elle-même sache reconnaître dans la démocratie arabe une sœur cadette, avilie par le despotisme. Qu'elle lui tende la main ! Qu'elle lui enseigne la justice, l'amour du travail, la dignité de soi-même ! Elle mettra ainsi au service des idées françaises une force de rayonnement qui les propagera avec le temps à travers le continent africain ; surtout elle sera logique avec elle-même.

CHAPITRE V

LES TERRES

La Chambre vient d'être saisie d'un nouveau projet de colonisation tendant à fonder 175 nouveaux villages dont la dépense est évaluée à 50 millions. Les circonstances ne permettant pas au trésor de disposer de cette somme, la Caisse des dépôts et consignations est chargée de les lui avancer au moyen de cinq annuités de 10 millions chacune. Elle recevra pour se rembourser un versement annuel de 3.132.632 fr. représentant l'amortissement du capital au taux de 4 1/2 0/0. La durée de ces versements sera de vingt-deux ans.

Ils seront prélevés sur les crédits inscrits aux trois chapitres du budget de l'Algérie qui se rapportent plus spécialement à la colonisation. Sur ces 50 millions, 21 serviront à payer les indemnités des expropriations qu'auront à subir les indigènes, 23 seront affectés à l'assiette des nouveaux villages, les 6 millions restants devant constituer une réserve destinée à faire face à l'imprévu.

Le moment ne saurait être mieux choisi pour essayer de se rendre compte des principales difficultés aux-quelles donne lieu la question des terres. Nous passe-rons successivement en revue la législation ou ce qui en tient lieu, les exemples qui nous viennent du dehors, l'usage qui a été fait du domaine de l'Etat, l'influence comparative de la colonisation officielle et de la colonisation libre. Nous exposerons enfin les raisons qui, à notre avis, devraient faire choisir la vente comme le seul mode d'aliénation des terres de colonisation.

A l'heure où nous écrivons ces lignes, la situation, au point de vue spécial où nous nous plaçons, est la suivante :

Les propriétés rurales que possèdent les Européens mesurent une superficie de 1.081.876 hectares. Ils emploient un matériel agricole qui se compose de 82.206 instruments aratoires, valant 13.818.529 francs. Le bétail de toute race leur appartenant ne s'élève pas à moins de 529.660 têtes. Enfin la population *rurale* européenne elle-même atteint le chiffre de 146.057 individus. Ces travailleurs d'élite sont comme les contre-maîtres du grand atelier agricole où se meuvent les 2.350.000 indigènes dont le domaine n'est pas moindre de 15.000.000 d'hectares.

I

APERÇU HISTORIQUE

Une colonie ne saurait être prospère sans un bon régime d'appropriation des terres.

La culture et le peuplement dépendent surtout des mesures adoptées sur ce point. Jusqu'ici le gouvernement métropolitain n'a pas jugé à propos de s'emparer de cette question. Il s'en est remis comme de tout le reste aux lumières et à l'activité du gouvernement général.

Il n'est pas inutile de jeter un coup d'œil sur les mesures prises à cet égard par un pouvoir agissant sans contrôle et complaisamment livré à lui-même.

Le premier acte qui statue sur les attributions de terres domaniales est un arrêté du Gouverneur du 2 avril 1834. Il n'y est question que de concessions ou locations dont la durée ne peut excéder neuf années.

Une circulaire du 18 avril 1841 pose le principe de la possession provisoire et du titre provisoire en vertu duquel le colon jouit de sa concession. La faculté de se substituer un tiers lui est reconnue, sous la réserve pour le préfet d'autoriser la substitution.

Le colon peut même être admis à hypothéquer si la créance a pour cause des dépenses de mise en culture.

Le titre définitif lui est délivré après que vérification a été faite de l'accomplissement des conditions imposées.

10 octobre 1844, ordonnances sur les concessions hors des périmètres de colonisation.

Dès 1845 on renonce au principe de la possession provisoire dont les inconvénients se sont fait vivement sentir. C'est au nom du crédit qu'on le repousse. On permet au colon d'aliéner et d'hypothéquer sa concession avec l'intervention administrative. Divers arrêtés de la même époque créent les inspecteurs de colonisation qu'on a supprimés quelques années plus tard.

En 1847 deux nouvelles ordonnances (5 juin et 1er septembre) édictent des prescriptions au sujet des

concessions. Négligeons plusieurs arrêtés et circulaires relatives à la colonisation, aux défrichements,
à l'installation des colons et arrivons au décret du
20 avril 1851. Les ordonnances antérieures déclarées
nuisibles sont abolies. Le décret leur adresse de
nombreux reproches. Elles prescrivent des formalités
trop multipliées, imposent des charges trop lourdes,
découragent les entreprises agricoles.

Au titre et à la possession provisoire pourquoi ne
pas substituer le titre de propriété immédiate avec
clause résolutoire ? On obtiendra ainsi la simplification
tant désirée, l'allègement des charges ; partant l'esprit
d'entreprise prendra son essor. Ainsi parle le décret.

Il réalise cette substitution.

20 mai 1858, circulaire édictant des mesures sur
le cantonnement des Indigènes.

Instructions sur le lotissement des terres destinées
à la colonisation européenne, 28 juin 1859.

Circulaire portant de nouvelles instructions sur la
colonisation, 7 septembre 1859.

Nous avons vu le titre provisoire céder le pas au
titre de propriété immédiate avec clause résolutoire.
A son tour, ce dernier principe est remplacé par le
principe de la vente à prix fixe et à bureau ouvert.
(Décret du 25 juillet 1860.) Le décret porte sur les
concessions ce jugement : Ce système étreint les
colons dans des règles si gênantes et complique à
tel point les devoirs de l'administration qu'il est
devenu urgent de le modifier. Toutefois le système
des concessions n'est pas détruit. On se borne à le
restreindre. Celles qu'on se réserve le droit de faire
ne devront pas excéder 30 hectares et ne pourront

profiter qu'à d'anciens militaires ou à des émigrants ou à des cultivateurs résidant en Algérie. A ces restrictions on devine à quels abus on sent la nécessité de fermer la porte. Il semble même qu'on veuille favoriser la petite propriété.

Mais ce bon mouvement n'est que de courte durée.

Les restrictions au droit de concéder sont une gêne pour le pouvoir algérien et le décret du 31 décembre 1864 en prononce la suppression. Ce décret a été présenté par le gouvernement général d'alors comme une réaction contre l'esprit de réglementation. Il doit, dit-il, faire cesser des réglementations inutiles. Dans une circulaire, le Gouverneur général dit : « Le décret du 31 décembre 1864, substituant à la concession le système de vente à prix fixe et à bureau ouvert pour l'aliénation des terres, a produit en France l'impression la plus favorable en même temps qu'il était accueilli par les *populations algériennes* comme le gage d'un véritable progrès. »

Le principe de la vente à prix fixe et à bureau ouvert existe, mais l'administration a ressaisi le droit de faire des concessions sans être tenue d'en limiter l'étendue.

Ce n'est que plus tard que ce principe est annulé. Le 6 janvier 1869, décret qui confère à l'administration le pouvoir de vendre *de gré à gré*. En finirons-nous avec ces fluctuations incessantes ? L'influence du gouvernement républicain n'a pu les empêcher. En 1871, deux lois (21 juin et 15 septembre) affectent cent mille hectares à l'installation des Alsaciens-Lorrains qui veulent conserver leur nationalité.

Un décret du 10 octobre inaugure un régime nouveau : celui de la *location des terres domaniales*.

A ce décret vient s'ajouter celui du 10 octobre 1872 qui autorise la cession du droit au bail. L'un et l'autre sont bientôt remaniés, refondus et abrogés (décret du 15 juillet 1874). Ce dernier ne résiste guère, et après une application de quatre années l'administration se voit réduite à lui donner un successeur. Le décret du 30 octobre 1878 régit encore les rapports de la colonisation avec les terres du domaine de l'Etat.

En passant en revue la nomenclature des actes rendus sur un objet de si haute importance, nous avons donné un exemple de l'extrême mobilité qui caractérise le gouvernement de l'Algérie. N'essayez pas de dégager de cet amas de décisions contradictoires un principe uniforme et constant. Les idées dirigeantes vont se modifiant au gré du Gouverneur qui est à la tête des affaires et changent avec lui. Aucun esprit de suite. Comment une colonisation soumise à une législation locale aussi mouvante ne languirait-elle pas ?

Chose singulière ! autant la législation est active en ses évolutions rapides, autant l'administration est lente et embarrassée dans sa marche quotidienne. Elle semble ne tenir au pouvoir démesuré dont elle est investie que pour le pouvoir lui-même et non pour le bon usage qu'il lui serait possible d'en faire. A son appel, les colons arrivent de tous les points. Les demandes de terres affluent. On la presse d'aller vite et d'abréger l'attente des intérêts.

Rien ne peut modifier son allure. Elle a juré de n'avancer qu'à petits pas. Cette inertie administrative se combinant avec une législation sans cesse en mouvement est souvent prise à partie par l'autorité même qui la couvre de sa responsabilité. M. le Gouverneur général Randon écrit (circulaire, 23 décembre 1857) : « Il ne faut pas que les colons qui arrivent soient condamnés à une *attente stérile*. Si l'administration était *toujours prête* on verrait certainement arriver un plus grand nombre de véritables cultivateurs. »

M. le Gouverneur général Chanzy, de son côté, signale la situation fâcheuse dans laquelle l'administration a été placée en présence des nombreuses demandes de terres dont elle se trouvait saisie et auxquelles elle avait été jusqu'ici dans l'impossibilité de donner une solution favorable. Il constate que des cultivateurs *reconnus admissibles sont arrivés* en Algérie et *attendent leur placement en dépensant* inutilement leurs ressources. Il demande qu'on en finisse avec ces *amas de demandes* qui encombrent les bureaux et qu'on liquide une situation qui ne produit que *confusions, retards* et *récriminations.* (Circulaire, mars 1874.)

En même temps une autre cause contribue à énerver la colonisation : c'est le dualisme administratif qui permet au commandement militaire de faire de la colonisation parallèlement à l'administration civile et d'une façon tout à fait indépendante. Il ne faut pas trop s'étonner si, dans une œuvre si peu en rapport avec leurs fonctions, les généraux dépeuplent les contrées anciens, attribuent les terres à des créatures et ne tiennent aucun compte des prescriptions des décrets. (Conseil général d'Alger, séance du 28 octobre 1876.)

II

COUP D'ŒIL AU DEHORS

Les nations pour lesquelles la colonisation se plaçait au premier rang des intérêts généraux ont réglé par *des lois* les questions se rapportant à l'appropriation des terres domaniales : la vente, la nationalité, la résidence, la publicité, l'accaparement des terres, la sécurité et le crédit.

Vente. — Aux Etat-Unis où les terres sont en très grande abondance et où l'Etat n'éprouve aucune difficulté pour s'en procurer, le principe qui sert de base à l'aliénation est la vente.

Le mode le plus usité, celui auquel on a recours tout d'abord, est la vente par adjudication aux enchères publiques.

La vente au comptant est appliquée aux terres qui, ayant été mises en adjudication, n'ont pas trouvé d'enchérisseurs.

Vient en troisième lieu la loi de préemption.

C'est le droit pour certaines personnes qui ont commencé un travail sur une terre qu'elles avaient choisie, après s'être assurées que cette terre n'était pas occupée, d'en être déclarées propriétaires.

Enfin la loi du *homestead* reconnaît à tout citoyen des Etats-Unis, moyennant le paiement de 18 dollars, le droit d'obtenir 160 acres de terres en dehors des limites d'un chemin de fer ou 80 acres dans ces limites (1). La limite d'un chemin de fer consiste dans

---

(1) Le dollar vaut 5 fr. 17 c. et l'acre est égal à 40 ares.

une largeur de 20 milles, prise de chaque côté de la voie.

Les terres sont distribuées en deux classes, suivant une valeur estimative : les terres *minimum*, c'est-à-dire, celles qui sont évaluées à un dollar 25 cents l'acre ; les terres *double minimum*, c'est-à-dire, celles évaluées à 2 dollars 50 cents l'acre.

Au Canada, le gouvernement tient des terres à la disposition des immigrants, principalement dans le Nord-Ouest. Il *les leur vend* et les prix sont *des plus* modérés. L'*immigrant* qui n'a pas l'argent suffisant se place chez un colon pendant une couple d'années.

Ce séjour, en lui permettant d'amasser la somme nécessaire, le familiarise avec le genre de vie du pays et les meilleurs moyens de tirer parti de son sol.

L'expérience a prouvé que cette façon d'agir était la meilleure. Celui qui, possédant quelques milliers de francs, les place dans les banques ou aux caisses d'épargne pour ensuite les consacrer à l'achat d'un petit domaine exploité dont le prix varie de 62 fr. à 620 fr. l'hectare, réussit beaucoup mieux que l'arrivant même pourvu d'un plus fort capital qui s'empresse d'entreprendre un défrichement à ses risques et périls.

Une loi de 1867 a remis à plusieurs provinces le droit de disposer des terres domaniales. Aussi les procédés diffèrent-ils d'une province à l'autre. Dans la Colombie anglaise, on distingue entre les terres cadastrées et celles qui ne le sont pas. Les terres cadastrées se vendent à raison de 12 fr. 50 l'hectare et les lots ne dépassent pas 64 hectares. Les terres non cadastrées se vendent par voie de préemption. L'acquéreur doit justifier d'une occupation continue

pendant quatre ans. Il verse une somme de 2 dollars
et ne peut obtenir plus de 128 hectares.

Dans la Nouvelle-Ecosse, les terres incultes s'ob-
tiennent au prix de 5 fr. l'hectare.

Dans le nouveau Brunswik, les lots se louent à
l'occupant avant de devenir sa propriété. La propriété
n'est acquise que sous les trois conditions suivantes :

Un premier paiement de 20 dollars ;

Se bâtir une maison ;

Défricher au moins 10 acres en trois ans.

Dans l'Ontario, la terre se vend aux enchères publiques sur la mise à prix de 10 à 12 fr. 50 l'hectare.

Dans la province de Québec, le prix des terres est
fixé de temps à autre par le Conseil privé. Des lots
de dix acres sont réservés le long des grandes routes
dites de colonisation à tout immigrant âgé de dix-huit
ans qui en fait la demande. La propriété définitive
lui est acquise au bout de quatre ans pourvu qu'il
ait bâti une maison et défriché 12 acres.

Dans le Manitoba fonctionne un système capable
de stimuler l'ardeur du colon. Le sol arabe est divisé
en sections de 256 hectares. Chaque section est à son
tour subdivisée en quatre lots de 64 hectares. Un
de ces lots se concède gratuitement sous la seule
condition d'une résidence de trois ans à tout colon,
sujet britannique ou immigrant naturalisé, qui le
sollicite. Au bout de trois ans il peut acheter le lot
contigu au prix de 12 fr. 60 l'hectare. Au bout de six ans,
s'il a planté 10 acres en bois, il peut obtenir une
nouvelle concession gratuite de 64 hectares. En
dernier lieu le quatrième lot est à sa disposition
moyennant le même prix que le deuxième, c'est-à-dire

12 fr. 00 l'hectare. Il arrive ainsi à réunir une propriété de 250 hectares, la moitié pour rien, l'autre moitié pour 1,600 fr. C'est un ingénieux mélange de la concession et de la vente.

En Californie la plus grande concession de terrain qui puisse être faite gratuitement à un colon est de 160 acres ou 54 hectares.

Nationalité. — Pour prétendre à la propriété des terres publiques il faut être citoyen ou en voie de le devenir.

Les Indiens doivent renoncer à la vie de tribu et se faire déclarer citoyens. On exige qu'ils soient nés aux Etats-Unis, qu'ils soient âgés de vingt et un ans ou chefs de famille.

Résidence. — La résidence est exigée de ceux qui, établis sur des terres non arpentées, invoquent le droit de préemption. Font retour à l'Etat les terres qui pendant plus de six mois sont restées abandonnées. Nous avons dit que le privilège de préemption consistait dans le droit, pour celui qui a pris possession d'une terre inculte, d'en rester propriétaire moyennant l'acquittement du prix le jour où elle entre dans l'allotissement général : ce privilège suppose des terres vacantes, abandonnées par les Indigènes, non encore reconnues ni revendiquées par l'Etat ou des particuliers. Ce privilège ne saurait avoir d'application en Algérie, où la propriété est censée appartenir aux Indigènes jusqu'à preuve du contraire.

Accaparement des terres. — Afin d'empêcher l'accaparement des terres la loi des Etats-Unis prohibe le cumul des concessions. Elle prescrit la déclaration que le demandeur ne possède pas des terres sur d'autres points.

Cette déclaration est enregistrée.

Elle déclare incapable d'obtenir une concession celui qui, par le même moyen, est déjà devenu propriétaire de 320 acres. La loi se montre hostile à la pure spéculation. Elle exige le serment que l'on veut la propriété dans un intérêt essentiellement exclusif et personnel et qu'on n'a contracté avec personne afin de lui transférer la propriété sollicitée du gouvernement.

La violation de ce serment entraîne la nullité de l'acte de concession et l'incapacité pour jamais de devenir concessionnaire.

Crédit. — La loi cherche à favoriser le crédit des concessionnaires en déclarant insaisissables pour dettes antérieures les terres concédées.

Service spécial. Personnel et Procédure. — L'aliénation des terres domaniales constitue un service spécial organisé ainsi qu'il suit :

Dans chaque district, un bureau des terres publiques.

Dans ce bureau deux agents : le teneur des registres et le receveur comptable.

Le teneur note les demandes, enregistre les mises en possession, délivre les titres.

Le receveur perçoit le prix et les droits divers.

Le teneur ou le receveur tranchent les difficultés qui peuvent se produire.

Au-dessus d'eux se trouve un bureau général ayant à sa tête un commissaire auprès de qui sont portés les appels des décisions du teneur ou du receveur.

Enfin, du commissaire, on peut en dernier ressort recourir au secrétaire d'Etat de l'Intérieur.

Publicité. — Tous les mois un rapport est adressé

par le bureau du district au bureau général sur les
diverses opérations réalisées dans le cours du mois
précédent. Au Canada, de temps à autre, le ministre
de l'agriculture fait paraître un guide pour l'émigrant.
Dans ce petit volume, la gravure est appelée au
secours de la parole.

III

DOMAINE DE L'ÉTAT EN ALGÉRIE, SA CONSISTANCE

Quelle est actuellement l'étendue du domaine de
l'Etat ? La réponse n'est guère facile. Récemment
dans les Conseils électifs et dans la presse locale on
affirmait que les terres domaniales faisaient défaut.
On s'inquiétait pour l'avenir de la colonisation. Il
s'agissait de lui épargner un temps d'arrêt. On faisait
appel à la vigilance administrative. On la pressait
de se pourvoir contre cette menaçante éventualité.
A cette sorte de mise en demeure, l'administration
opposait une attitude pleine de confiance. Des terres,
il en existait pour tous les besoins et de quoi suffire
à l'activité coloniale pendant une longue période.
Ceux-là étaient des alarmistes qui soutenaient le
contraire.

« Les terres, disait M. le général Chanzy au Conseil
« supérieur (1), quoiqu'on persiste à dire le contraire,
« ne manquent pas. D'après les documents établis,
« l'Etat posséderait environ 554.000 hectares dont
« 283.000 susceptibles d'être utilisés directement par

(1) Volume de nov. 1877, page 28.

« la colonisation pour l'établissement de centres, et
« 270.000 h. situés trop loin des zones du peuplement
« européen, mais pouvant être utilisés pour des
« échanges avec les Indigènes à déplacer ou à expro-
« prier. Ces ressources sont réparties entre les trois
« provinces de la manière suivante :

Alger. . . . .   91.869 hect.
Constantine. . . . . .   448.558   »
Oran . . . .   13.135   »

« Il y a donc assez de terres avec ce que l'on
« possède pour établir dix mille familles. »

L'année précédente, le Gouverneur avait déjà déclaré que l'Etat disposait de ressources en terres
suffisantes pour implanter une population nouvelle
de 100.000 âmes.

Au lieu de calmer les appréhensions ces déclarations
n'avaient fait que les accroître. Les étendues disponibles dans le département d'Oran étaient insignifiantes.
Dans le département d'Alger, elles n'offraient qu'une
marge fort restreinte, bien que le chiffre en fût plus
élevé. Elles ne présentaient quelque consistance que
dans le département de Constantine.

Combien reste-t-il aujourd'hui des 554.000 hectares
qui composaient en 1877, au dire de l'autorité, le
domaine de la colonisation ?

De 1871 à 1876, l'Etat a livré annuellement à la
culture européenne par voie de concession une
quantité moyenne de 53.335 hectares. Supposons que
les remises effectuées depuis 1876 jusqu'à la fin
de 1882 se soient maintenues au même chiffre, il ne
reste plus aujourd'hui que 287.500 hectares environ.
Mais ce chiffre lui-même doit être réduit, car l'admi-

nistration fait simultanément fonctionner deux systèmes : la concession et la vente. Ainsi, en 1879, elle
n'a pas vendu moins de 1.360 immeubles urbains et
ruraux ayant une contenance de 42.390 hectares pour
le prix de 4.785.872 fr. Il est à remarquer que les
ventes de gré à gré ont eu la préférence sur les
ventes aux enchères publiques. Celles-ci n'ont porté
que sur 2.904 hectares ; celles-là au contraire se sont
élevées à 39.486 hectares. Pour quelle raison s'est-on
écarté de la règle générale de la concession, puisqu'il
s'agissait principalement d'immeubles ruraux ? On ne
le dit pas, pas plus qu'on ne dit le motif qui a fait
adopter de préférence la vente de gré à gré. Les
concessions et les ventes ont donc constamment
travaillé à diminuer les 554.000 hectares annoncés
comme étant disponibles en 1877.

Dans quelle mesure les diminutions ont-elles été
compensées ? Quelle est l'importance des achats
effectués dans ce but par l'administration ? Quels sont
les prix qu'elle s'est vue obligée de payer ? Quel a
été le mode suivi ? Sur tous ces points qu'il serait si
intéressant de connaître, les renseignements officiels
sont des plus obscurs.

Ce qui paraît acquis, c'est que l'État n'est plus
en mesure par ses propres ressources de faire face
aux besoins de la colonisation. Depuis quelques années
un crédit spécial pour achat de terres est porté au
budget de l'Algérie.

On songe irrésistiblement aux largesses que l'in-
souciance du gouvernement précédent s'est permises
soit en faveur des tribus, soit au profit de sociétés
financières ou de puissants capitalistes. Le mal qui

en est résulté a été vivement ressenti. En 1876, le Gouverneur général est prié de mettre la Société générale algérienne en mesure d'exécuter strictement les engagements énumérés dans la convention de 1866. Le Conseil supérieur (1) trouve qu'il est regrettable que les opérations de la Société ne soient pas dirigées plus spécialement vers les intérêts algériens, et que notamment de grandes étendues de terres soient détenues par elle presque sans profit pour la colonisation. Plusieurs conseils municipaux (2) émettent le vœu que les terres possédées par la Société algérienne fassent retour à la colonisation si elles ne sont pas exploitées et habitées par des cultivateurs européens. C'est qu'en effet l'idée de colonisation ne s'applique pas à des réunions d'actionnaires qui ne montent que des opérations et n'ont en vue que des dividendes. Tandis que la colonisation suppose des colons, les compagnies se contentent d'employer les bras indigènes. Elles sont indifférentes au peuplement et lui font obstacle.

Appauvri par les imprudences du précédent gouvernement, diminué par l'incessante action des concessions ou des ventes, partiellement reconstitué au moyen de faibles achats, le domaine de l'Etat aurait été incapable à lui seul de faciliter à l'agriculture européenne son œuvre de progrès et de civilisation. Heureusement est intervenue la colonisation libre qui, allant puiser à la vraie source, a énergiquement soutenu le mouvement. Où trouver pour la colonisation la matière première réellement abondante, et même

(1) Volume de 1876, page 426.
(2) Communes de l'Oued Fodda et de Malakoff.

inépuisable, si ce n'est dans les terres possédées à titre de propriété privée par les Indigènes, propriété qui repose sur des titres et qui a toujours donné lieu entre Européens et Indigènes à d'importantes transactions? On estimait en 1873 (1) l'étendue de cette sorte de bien à neuf millions d'hectares y compris les trois millions appartenant aux Oasis. Ce sont ces terres qui ont été l'objet de transactions entre Européens et Indigènes. Voici pour la période comprise entre 1863 et 1871 un aperçu de ce mouvement :

Années	Ventes par des Indigènes à des Européens		Ventes par des Européens à des Indigènes	
1863	123 hect.	97 ares.........	3.762 hect.	42 ares
1864	1.766 »	76 »	1.733 »	38 »
1865	1.338 »	30 »	236 »	44 »
1866	1.104 »	31 »	1.242 »	01 »
1867	4.513 »	66 »	1.307 »	03 »
1868	28.183 »	68 »	523 »	07 »
1869	2.797 »	29 »	810 »	76 »
1870	4.354 »	43 »	840 »	14 »
1871	7.822 »	72 »	865 »	23 »
TOTAUX	52.035 hect.	12 ares.........	11.320 hect.	48 ares

Différence au profit de la colonisation : 40.684 hect. 63 ares.

IV

LA COLONISATION LIBRE

Depuis 1873 diverses publications officielles nous ont fourni quelques données sur la suite de ce mou-

(1) M. Warnier.

vement et sur le degré d'intensité avec lequel la colonisation libre se fait jour en dépit des imperfections de la propriété indigène. On y peut apercevoir la tendance des deux éléments de la population, si différents de mœurs et d'origine, à se rapprocher et à mêler leurs intérêts.

Chiffres afférents à l'année 1877 :

	Ventes des Européens aux Indigènes	Ventes des Indigènes aux Européens
Immeubles urbains..	48 h. 88 a. 55 c.	68 h. 71 a. 0 c.
Valeur............	320.810 fr.	220.046 fr.
Moyenne de l'hectare	6.547 »	3.284 »
Immeubles ruraux..	2.529 h. 81 a. 72 c.	22.194 h. 15 a. 30 c.
Prix............	383.189 fr.	1.746.566 fr. 90 c.
Moyenne de l'hectare	152 »	79 »

Terres.		*Terrains urbains.*	
Européens ont acheté	22.194 h.	Achat des Européens	68 h. 71 a.
Indigènes ont acheté	2.520 »	» » Indigènes	48 » 88 »
Avantage des Européens	19.674 h.	Avantage des Européens	17 h. 83 a.
Valeur de l'hect. europ.	152 fr.	Valeur de l'hect. europ.	6.547 fr.
— de l'hect. indig.	79 fr.	— de l'hect. indig.	3.284 fr.
Avant. de l'hect. europ.	73 fr.	Avant. de l'hect. europ.	3.263 fr.

Les conséquences à tirer de ces données sont importantes à retenir. Les Européens achètent aux Indigènes plus qu'ils ne leur vendent. Leur supériorité dans cette opération d'échanges s'affirme pour l'année dont nous parlons dans la proportion de neuf contre un environ.

De plus, quand les Européens vendent aux Indigènes, ils retirent de leurs ventes un prix de beaucoup supérieur à celui que les Indigènes réalisent. Cette plus-value est à peu près du double, tant sur les immeubles ruraux que sur les immeubles urbains.

Les Européens tendent visiblement à s'emparer du sol algérien aussi bien par la voie de l'achat que par celle des concessions de l'Etat.

L'influence de ces deux moyens aboutissant au même résultat est en effet égale ou à peu près. On pourrait même dire que l'avantage à cet égard reste au mode d'achat.

En effet, nous voyons que dans la période triennale 1876, 1877, 1878, l'Etat a concédé 48.000 hectares (*Statistique générale de l'Algérie*, page 177), soit par an 16.000 hectares.

Or, en 1877 les Européens ayant gagné sur les Indigènes par voie d'achat 19.674 hect., la supériorité de l'achat sur la concession dans les progrès de leur propriété au cours de cette année se traduit par un chiffre de 3.674 hectares.

Chiffres des trois années 1877, 1878 et 1879 (1) :

Achats faits par les Européens..... 56.351 hectares.
Ventes faites par les Européens.... 12.315   »
Excédent en faveur des Européens.   44.036 hectares.

L'initiative individuelle vient donc en aide dans une mesure remarquable à l'action de l'Etat dans le déplacement de la propriété au profit de la civilisation. Elle n'est encore qu'un auxiliaire. Le défaut de clarté des titres et l'extrême indivision de la propriété privée indigène lui défend d'accélérer sa marche. Mais elle est appelée à devenir l'agent principal dans ce mouvement de mutation de la propriété algérienne.

Ce rôle lui appartiendra dès que les terres de tribus,

---

(1) *Etat actuel de l'Algérie* en 1880, page 203.

les terres collectives auront été constituées en propriété privée. Le rapporteur de la loi du 26 juillet 1873
en évaluait l'étendue à 5,000.000 d'hectares. L'exécution de la loi n'a pas amoindri sensiblement ce
chiffre. Que ces terres actuellement frappées d'interdit
deviennent marchandes et qu'elles viennent accroître
les éléments de transaction, actuellement existants,
se figure-t-on les changements apportés aux conditions
de la société algérienne ?

La libre transmission d'une pareille masse de terres
finirait par supprimer la question des concessions
et dispenserait l'Etat de subvenir directement aux
besoins de la colonisation. Il est d'autant plus urgent
de lui enlever cette charge que le domaine qu'il y
affecte devient de plus en plus insuffisant et qu'il en
est réduit à réparer les brèches qui s'y font au moyen
d'achats que la hausse constante des terres rend
chaque jour plus difficiles.

C'est donc vers la constitution de la propriété que
le gouvernement doit tourner toute son attention.
Non seulement il sera débarrassé par là du souci de
répondre aux demandes de terres, puisque l'initiative
individuelle y suffira, mais encore il aura procuré
au Trésor des recettes importantes par suite du mouvement imprimé aux transactions et de l'accroissement
des produits de toutes sortes dont il sera redevable
à la force d'expansion de l'agriculture française.

Et cette constitution est d'autant plus nécessaire,
il importe de la faire d'autant plus rapidement qu'elle
doit profiter à la population musulmane peut-être
plus encore qu'à la population européenne ; car ainsi
que le disait un membre indigène de la Chambre

d'agriculture d'Alger dans l'enquête agricole en 1869 :
« L'indivision de la propriété arabe a pour résultat :
« de laisser dans l'inculture une grande partie du sol ;
« de causer des troubles et la ruine dans les familles
« arabes dont un ou plusieurs membres ont fait des
« emprunts ; de laisser aux membres influents de la
« famille les moyens de jouir d'une manière souvent
« abusive de leurs droits personnels. »

V

LE VILLAGE

Parcourez l'Algérie. Dans l'espace d'un jour vous
rencontrerez le village français, le douar arabe, le
village kabyle. Quel contraste ! Leur aspect suffit à
vous révéler l'histoire, les mœurs et les intentions des
trois races.

Echelonné contre la croupe rapide de la montagne,
perché sur un piton ou sur la crête étroite du contrefort,
voici le village kabyle. Pour y arriver il a fallu suivre
des sentiers difficiles. Ses maisons en pierre, presque
sans ouverture, sont tellement serrées et entassées,
qu'elles semblent n'en faire qu'une. C'est une habitation, mais c'est en même temps une forteresse, armée
contre l'étranger, armée aussi contre le voisin plus
immédiatement dangereux.

Plus bas dans la plaine vous apercevez les tentes
en poil de chameau, ou les gourbis rustiques, bordés
d'une ceinture de cactus et groupés autour de la
demeure du cheik. C'est le douar. Les habitants n'ont

que de faibles attaches au sol. On les sent dominés par la nécessité de lever rapidement le campement.

A quoi bon creuser des fondations ou étendre sa culture quand on peut être surpris par la terrible razzia, plus dévorante que le siroco ?

Entrons dans le village français.

La civilisation en a tracé la route, puis elle y a élu domicile. Par lui, elle domine le pays et le colonise. Par lui elle affirme son droit et sa supériorité. Instrument de domination, le village français devient en cas de soulèvement un centre de résistance et de ravitaillement.

Agent de civilisation, il préside au mélange des intérêts. L'Indigène y vient louer ses bras, y vendre ses produits, y puiser l'enseignement agricole. Il y cherche protection aux années de famine et l'y trouve. Dans le Sud, le village français hâtera l'abandon de la vie nomade que les Arabes ont embrassée moins par goût que par nécessité.

Le législateur de 1851 a donc bien compris le rôle du village lorsqu'il en a fait une cause d'expropriation spéciale à l'Algérie.

L'importance de ce rôle n'a pas davantage échappé aux nombreuses administrations qui se sont succédé.

Mais il faut bien le dire, presque toutes ont méconnu les conditions essentielles de cette utile création. Faute d'un plan d'ensemble arrêté dès le début, que de fausses manœuvres ! Qui ignore à quel point les lots ont été morcelés ? Que de fois on a signalé l'inconvénient des trop grandes distances entre le lieu d'exploitation et l'habitation du Colon !

A quelles critiques n'ont point donné lieu les empla-

cements de certains villages, qui, au lieu d'être placés
au centre du territoire, ont été situés sur le périmètre,
à une extrémité ?

VI

POUVOIR DE L'ADMINISTRATION

« Il a été impossible à votre Commission d'admettre
« que le domaine de l'Etat fût abandonné à la merci
« de l'administration, et que, sous la simple garantie
« d'un règlement fait par le Conseil d'Etat, il pût être
« par elle, à son choix et à sa volonté, affecté à des
« services publics, donné à bail, échangé, concédé ou
« aliéné.

« On ne saurait oublier que cette liberté de dispo-
« sition du domaine de l'Etat en Algérie a été la
« source des abus les plus regrettables ; que les
« terrains les plus beaux, les plus fertiles, les plus
« enviés ont été concédés trop souvent au gré de la
« faveur, et de la manière la moins profitable aux
« intérêts de la colonisation.

« De tels faits sont des avertissements dont il serait
« imprudent de ne pas tenir compte.

« Votre Commission estimait qu'il suffirait de régler
« par une loi la matière des concessions seulement.
« En y réfléchissant, elle pense que le mieux est de
« laisser à une loi spéciale le soin de régler également
« tous les modes de disposition et d'aliénation du
« domaine algérien. » Ces lignes sont de M. Henri
Didier, rapporteur de la loi du 17 juin 1851 sur la
propriété en Algérie.

Cette loi contient un article 6 ainsi conçu : « Les « biens dépendant du domaine de l'Etat peuvent être « aliénés, échangés, concédés, donnés à bail ou affectés « à des services publics, dans les formes et aux « conditions qui seront ultérieurement déterminées « par la loi. »

Ultérieurement, c'est-à-dire que rien n'a été fait. La loi promise par le législateur de 1851 est encore à faire. Le législateur de 1883 réalisera-t-il l'engagement pris par son prédécesseur ?

Nous le souhaitons sincèrement.

Nous ne saurions trop le redire, quoi qu'il puisse arriver :

Si le Pouvoir exécutif n'avait pas été le maître absolu du domaine de l'Etat en Algérie, si le droit d'en disposer à sa guise ne lui avait pas été imprudemment abandonné, aurait-il pu faire aux tribus et aux sociétés financières les largesses dont nous ressentons si vivement encore les funestes effets ?

Nous voulons bien que les conditions dans lesquelles est placé aujourd'hui le gouvernement du pays soient un préservatif contre le retour de pareils abus. Mais la plus sûre barrière n'est-elle pas dans la loi ? Ne suffit-il pas que la théorie, sinon la pratique, rende possible l'imprévoyance du gouvernement, pour que la loi soit tenue d'être prévoyante ?

L'obligation de recourir à la vente publique sera un frein contre les prodigalités que le pouvoir serait tenté de commettre.

La concession favorise au contraire ces tentations.

Les progrès qui en Algérie se font sentir dans toutes les branches de l'activité sociale, ont pour effet de multiplier les devoirs de l'administration. Il importe, dès lors, de réserver son intervention aux questions d'un ordre général et élevé, et d'éviter qu'elle ne s'énerve dans des questions inférieures de détail.

D'autre part, sous un régime politique qui, dans le gouvernement du pays, suppose à chaque citoyen une assez large part d'influence et de responsabilité, les allures administratives doivent se modifier. Elles ne sauraient plus revêtir à l'égard des intérêts privés ce caractère de tutelle et de domination qu'elles affectent sous les régimes monarchiques.

En Algérie comme en France les citoyens sont appelés à prendre une part des affaires publiques. Il faut donc éviter que la concession ne vienne se placer entre l'administration et l'élu du suffrage universel. Elle ne peut qu'altérer les garanties d'indépendance qu'il est si essentiel pour les mœurs politiques de préserver de tout soupçon. L'expérience a déjà prouvé quels torts la concession peut faire à la considération d'un homme public.

Les demandeurs de terres qui, au lieu de s'adresser à la spéculation privée, croient avantageux de recourir à l'Etat, ne doivent plus être traités comme une clientèle de solliciteurs suspendus entre la crainte et l'espérance.

S'il prend envie à un citoyen de se faire colon, s'il se sent attiré vers la Kabylie plutôt que vers le Chélif, s'il se croit nanti de ressources suffisantes au début, s'il lui déplaît ou s'il n'est pas en état de se munir de protections, pourquoi allez-vous faire dépendre son dessein des appréciations que pourra faire un administrateur de ses aptitudes agricoles? Pourquoi une enquête sur son état civil et sa position de fortune?

Pourquoi l'envoyez-vous sur un point que, livré à
lui-même, il n'eût pas choisi ? Pourquoi enfin lui impo-
sez-vous des délais que vous abrégez pour des concur-
rents plus heureux ? et d'où vient qu'étant inconnu et
sans appui il n'a pas les mêmes chances que d'autres
à l'obtention des lots les plus avantageux ?

Cette situation où la dignité des individus, où les
principes de liberté et d'égalité sont journellement
méconnus, le système de la concession gratuite l'a
rendue possible. Le projet du gouvernement la maintient. Si ce projet était adopté le Colon serait toujours
réduit à faire un appel incessant à la bienveillance de
l'administration et à perdre le meilleur de son temps à
écrire lettres sur lettres ou à voyager de bureaux en
bureaux ; il se verrait forcé de courir après des
renseignements trop souvent incertains sur la situation
des terres concessibles, sur leur nature, sur leur
quantité. Il ne serait pas affranchi de la crainte de
n'être pas porté sur l'état de propositions ; à supposer
qu'il fût du nombre des élus, il lui arriverait d'avoir à
réclamer contre les retards apportés à sa mise en possession. Il resterait exposé à toutes les chances d'erreur
qu'entraîne fatalement l'instruction minutieuse de milliers de demandes. Il continuerait à courir le risque
d'un refus, et comme il est rare qu'on reconnaisse le
bien fondé d'une exclusion dont on a été victime,
surtout en pareil cas, il n'épargnerait guère à l'administration ses récriminations.

Même étant admis, sa satisfaction pourrait être
mélangée de quelque amertume. Il se pourrait en effet
que son lot fût moins étendu, moins bien situé, de
moins bonne terre que celui d'un autre Colon. L'iné-

galité règne en effet entre les concessionnaires et les uns sont moins bien partagés que les autres. Rien de pareil avec la vente. L'adoption de ce principe sauvegarde la dignité des Colons et leur apprend à ne compter que sur eux-mêmes. Il éloigne de la possession du sol ceux à qui l'épargne n'a pas encore fourni les moyens d'en entreprendre l'exploitation et qui, faute de ressources propres, ne rencontrent dans une possession prématurée que des souffrances et des mécomptes.

Contrairement à ce qui s'est passé jusqu'à ce jour où les Colons ont été prêts bien avant l'administration, les exigences de la mise en vente obligeront celle-ci à gagner les Colons de vitesse à force d'activité et de méthode. Tout le temps qu'elle dépense en correspondances oiseuses avec chaque aspirant Colon et en classements de demandes dont le moindre inconvénient est d'encombrer les préfectures, sera reporté avec fruit sur les opérations si importantes qui devront précéder la mise en vente.

Étudier l'assiette des villages suivant un plan général combiné d'avance, acquérir les terres nécessaires dans certaines conditions de contrôle garantissant un utile emploi des crédits, ne pas omettre en expropriant les Indigènes de leur régler l'indemnité due préalablement à la prise de possession ; allotir les terres domaniales en tenant compte des dimensions restreintes du domaine, des dépenses qu'occasionne sa reconstitution et de l'impérieuse nécessité d'accroître rapidement la population française dont les demandes sont si nombreuses et si rarement accueillies, organiser une large publicité, dresser les plans et les titres assez

à temps pour que leur délivrance ne souffre aucun
retard, en un mot préparer constamment des ventes
successives, telle devrait être l'unique tâche de l'administration. Y perdrait-elle quelque chose, parce qu'elle
ne s'occuperait plus autant des personnes ? Dans la
mise en circulation des biens de l'Etat, la colonisation
doit être impersonnelle si l'on désire qu'elle soit
impartiale.

C'est ce que demandait la Commission du budget
en 1877 : « Le rôle de l'Etat, disait son rapporteur (1),
« devrait consister à créer les communications, à
« allotir les terres, *à les vendre aux Français*, à
« bureau ouvert ou par adjudication, à favoriser la
« création de la commune qu'il doterait des travaux et
« des bâtiments indispensables, à titre de frais de
« premier établissement... — Il faut toujours en reve-
« nir à la vente, à la liberté... »

C'est ce que voulait également un publiciste des
plus distingués, très versé dans les questions de colonisation, M. Jules Duval : La vente des terres conférant
la propriété définitive, c'est la liberté de l'agriculture
et de ses légitimes spéculations ; c'est pour chacun le
gouvernement de ses propres affaires par l'affranchissement du sol et de *l'homme*.

Mais des raisons plus spécieuses que réelles tendent
à faire maintenir à l'administration le régime des
concessions non pas à titre exceptionnel mais comme
règle générale. Le gouvernement local réclame une
latitude qu'il juge nécessaire. C'est vouloir perpétuer
l'arbitraire administratif avec cette circonstance aggra-

(1) M. Alexis Lambert.

vante qu'il sera entouré, si la loi passe, du prestige et de la force dont elle est revêtue.

VII

LES CIRCULAIRES DE M. TIRMAN ET LE JOURNAL « L'AKHBAR »

M. Tirman lui-même s'est vu dans la nécessité de proclamer les abus auxquels donne lieu le droit de concéder tel qu'il est exercé par l'administration. A peine avait-il pris les rênes du gouvernement général qu'il écrivait aux trois préfets algériens les circulaires du 4 janvier et du 2 février 1882. Il parle dans la première des nombreuses compétitions dont les lots de ferme sont l'objet. Il s'émeut des récriminations passionnées que soulèvent les choix faits par l'administration de la part des pétitionnaires qui sont écartés. Comment s'y prendre pour les faire cesser? Le Gouverneur compte y arriver très simplement. On distinguera entre les lots de ferme constituant des groupes isolés et ceux qui sont compris dans le périmètre d'un village. Les premiers continueront à être l'objet de concessions gratuites. On les accordera de préférence aux pétitionnaires qui, possédant des ressources assez importantes, s'engageront à résider personnellement sur leurs terres.

Quant aux seconds, comme ils sont les plus recherchés en raison des commodités de toutes sortes existant dans le village dont ils sont à proximité, ils seront vendus aux enchères publiques à certaines conditions énumérées dans un cahier des charges.

On ne voit pas bien comment la distinction qui

précède étouffera les récriminations. Qu'importe que la concession ne porte plus que sur les fermes isolées au lieu de porter sur l'ensemble ? Il suffira que, parmi les demandeurs, quelques-uns soient évincés, pour que, à tort ou à raison, les choix de l'administration donnent prise à la critique.

La circulaire du 2 février enseigne aux préfets les principes qui doivent les guider dans l'appréciation des titres des demandeurs. Elles sont innombrables les circulaires qui se sont proposé le même objet. A quel degré d'oubli faut-il que nos gouvernements aient laissé tomber les questions coloniales pour que nous voyions après plus d'un demi-siècle de colonisation les matières les plus graves, de l'intérêt le plus vital, être régies par de simples circulaires !

M. Tirman essaie de réagir contre les abus et il en signale un certain nombre, toujours les mêmes. Voici les anciens serviteurs de l'Etat. Ils considèrent comme un droit d'obtenir une concession de terres. L'Etat a d'autres moyens de récompenser leurs services ; il convient de se mettre en garde contre cette prétention.

Voici ensuite des pétitionnaires qui, n'ayant aucune aptitude spéciale, s'imaginent volontiers qu'ils feront d'excellents colons. Dès qu'il sont nantis de leur concession, ils entrent en arrangement avec les Indigènes pour leur louer leurs terres jusqu'au moment où, ayant obtenu le titre définitif de propriété, ils peuvent aller n'importe où jouir de la rente que l'Etat leur a constituée.

M. Tirman fait l'esquisse de divers autres genres de pétitionnaires et il conclut en disant que ce sont des agriculteurs de profession qu'il nous faut, car eux seuls vivront et résideront dans les nouveaux centres.

Et il décide que le Gouverneur général aura seul le droit d'attribuer toutes les concessions.

Si par ce moyen le Gouverneur pense qu'il ne se glissera plus d'abus dans le choix des concessionnaires, que faut-il le plus admirer, son stoïcisme ou sa pénétration? Il y a, paraît-il, dans ses mains, vingt-cinq mille demandes de concessions. Toutes ont été classées. Est-ce lui personnellement qui a fait ce classement ou sont-ce les bureaux ? Si c'est le Gouverneur, montrez-moi la barrière qui le rendra inaccessible à l'intrigue et à l'erreur. Si ce sont les bureaux, l'expérience nous dispense de plus amples recherches. Nous en connaissons l'esprit.

Je choisis un fait entre mille. Le journal l'*Akbar*, dans son numéro du 22 février 1882, a rapporté ce qui suit : Un individu a pu obtenir le titre définitif d'une concession de cent hectares sans quitter la France. On a dû, pour ce faire, viser un procès-verbal mensonger constatant qu'il avait installé un fermier et fait pour 16.000 fr. de constructions. La concession a été vendue à un Indigène 40.000 fr. payés d'avance. La chose s'est passée à la préfecture de Constantine. Invité par le journal la *Seybouse de Bône* à démentir ces faits, l'administration a cru devoir garder le silence. L'*Akbar* ajoute : « Combien de concessions ont été « livrées en pâture aux courtiers électoraux et aux « clients des puissants du jour ! »

Examinons maintenant le système de concession dans ses rapports immédiats avec le peuplement.

VIII

INFLUENCE DE LA CONCESSION SUR LE PEUPLEMENT

La concession offre encore un côté particulièrement dangereux. Beaucoup de concessionnaires obéissent à un préjugé économique. Ils croient posséder une fortune du jour où ils ont quelques hectares en friches. Etre propriétaire ! Avoir de la terre pour rien ! Ils ne voient rien au delà ! Ils oublient que la terre n'est qu'un instrument qu'il faut savoir manier et qui vous conduit tout droit à la ruine si vous ne disposez pas d'un capital suffisant. Que de gens à qui l'appât des concessions prétendues gratuites a été fatal !

Vainement a-t-on cru obvier à cet inconvénient en exigeant des demandeurs la justification de la possession d'une certaine somme. La précaution a été illusoire, parce qu'il a toujours été facile de l'éluder. Vous trouvez toujours dans ce cas des amis complaisants qui vous signent un acte de notoriété. Vous en trouvez qui vous prêtent la somme nécessaire, somme rendue aussitôt après que vous l'avez montrée à l'administration. Le grand défaut des concessions est donc de placer dans un grand nombre de cas la terre entre les mains de gens qui n'ont pas de ressources.

Dira-t-on que les concessions ont pour but de créer la petite propriété, en transformant le prolétaire en propriétaire et que par là elles ont un caractère essentiellement démocratique ?

Ne serait-ce pas plutôt le contraire qui se produit ?

Le système des concessions ne serait-il pas anti-démocratique ? Il y a dans le mot de concession quelque chose de magique. Il semble au premier abord qu'on ne peut imaginer de mesure plus favorable aux classes pauvres que de donner de la terre gratuitement à l'homme qui n'a pas d'argent pour en acheter. Quelle dangereuse erreur ! La terre ! que produit-elle quand on n'a pas d'argent pour l'exploiter ? La gratuité ! que de gens n'a-t-elle pas ruinés ?

Quelque nom que portent, suivant les époques, les obligations imposées par l'État en échange de sa concession, elles se résolvent toujours par la nécessité de bâtir, de défricher et de planter, toutes choses qui supposent l'emploi d'un capital disponible. A ce métier le petit colon a bientôt fait d'épuiser ses modiques ressources. Le voilà contraint de recourir à l'emprunt. Combien dans le nombre en est-il qui échappent aux tristes conséquences de cette nécessité ? Est-ce là la propriété démocratique que les partisans des concessions entendent qu'on maintienne ? Est-ce là faire sérieusement de la colonisation démocratique (1) ?

Opposera-t-on que les concessions facilitent la fondation des villages ? Il semble que l'appât trompeur de la concession peut avoir aidé à surmonter les difficultés du *premier* peuplement des villages. C'est une pure illusion. La première population d'un village

(1) Jules Touzet 1856 : « Un recensement exact dans tous les villages prouverait que sur une moyenne de dix ans il y a plus de transmissions immobilières qu'il n'y a de propriétés, et que sur cinq il n'y a pas plus d'un concessionnaire qui ait conservé sa concession primitive. »

ne fait en général que passer. On commence bien par
se rendre sur le territoire où se trouve la concession;
mais les uns, après des essais infructueux qui tiennent
à leur inexpérience, ne tardent pas à se décourager,
et, aussitôt qu'ils le peuvent, convertissent en argent
leur propriété et cèdent la place. Les autres ne se
donnent pas la peine de s'installer. Ils font dans la
localité des apparitions à des intervalles plus ou
moins éloignés, mais suffisamment rapprochés pour
éviter la déchéance. Puis, le moment arrivé, ils vendent
à leur tour. C'est donc à la vente et par une sorte de
circuit que le village doit en définitive son peuplement.
N'eût-il pas mieux valu commencer par là? Il y aurait
eu profit pour l'Etat et pour la colonisation.

De jour en jour, au surplus, la concession devient
impraticable. Elle se heurte contre la hausse conti-
nuelle des terres, résultat des progrès constants de
la colonisation. Obligé de payer cher des terres qu'on
l'oblige à céder gratuitement, l'Etat renonce parfois
à ses entreprises. Exemple : le village de Birtouta
n'a pu être agrandi parce que les indemnités à payer
pour cause d'expropriation étaient trop élevées. De
même pour le village des trois Palmiers à la création
duquel on n'a pu donner suite. Il en est bien d'autres
dans ce cas. Avec la vente, ces opérations eussent été
possibles, l'Etat pouvant se récupérer de ses avances.
Autant de perdu pour le peuplement.

Au dehors la concession agit de deux manières
également fâcheuses pour le peuplement.

Des gens qui n'ont pas eu l'occasion de se ren-
seigner sur la nature du sol algérien sont portés à
croire que les terres n'y valent pas grand'chose,

puisqu'on les offre pour rien. Ils ne se dérangeront pas pour si peu et ils vont ailleurs tenter fortune. Pour ceux-ci la concession est une cause de dépréciation. Ils dédaignent ce qu'on peut avoir si aisément, en apparence au moins. C'est ainsi que nous voyons tant de concessionnaires ne pas prendre possession des concessions qui leur ont été accordées, ou y renoncer. L'administration se trouve avoir employé son temps en pure perte. D'autres, mieux au courant, savent que les terres en Algérie représentent par elles-mêmes une certaine somme et que leur plus-value s'accélère visiblement. Pourquoi n'essaieraient-ils pas d'une opération fructueuse ? Ils résideront s'ils ne peuvent faire autrement, et tant bien que mal, le temps voulu par les décrets. Après quoi ils vendront et retourneront chez eux avec un assez joli bénéfice.

Dans l'un et l'autre cas, quel a été l'avantage pour le peuplement ?

Enfin la concession accroît la population en y amenant les individus un à un. La vente au contraire les y attire par groupes capables de former rapidement une masse. « La concession, disait M. Jules Duval, c'est le transport goutte à goutte ; la vente c'est le canal creusé. Quand un ingénieur veut dériver sur des terres le courant d'une rivière, il ne transporte pas l'eau goutte à goutte, il lui fait un lit ; et bientôt, obéissant à la gravitation, la veine liquide coule où la pente l'invite. Ainsi, en peu de temps s'exécute une œuvre que, par la première méthode, des siècles n'auraient pas accompli. »

Rien n'égale la constance de l'opinion publique en Algérie et même en France à réclamer l'augmentation de la population coloniale par un fort courant d'immigration française, sinon l'impuissance de l'administration chargée de cette tâche. Il est curieux d'observer à quelles inventions l'absence d'un plan gouvernemental porte les imaginations.

Les conceptions les plus diverses, les plus dissemblables sont tour à tour préconisées. Après un succès plus ou moins long, elles retombent dans le néant, pour renaître quelquefois longtemps après. Dans l'espace des trois dernières années ce spectacle nous a été de nouveau offert, tant il est difficile de saisir les leçons de l'expérience !

A Constantine, le préfet a recommandé la création de villages départementaux et la substitution de l'initiative départementale à celle des sociétés de peuplement. A Alger les bureaux du gouvernement général ont mis à l'étude les moyens de faire des colons avec les enfants assistés de la métropole. Certains écrivains auraient voulu qu'on appelât en Algérie les carlistes qui, après la guerre civile, étaient allés chercher un refuge en France. D'autres ont essayé de montrer les avantages qu'il y aurait eu à introduire, comme en Amérique, des coolies chinois.

On a même proposé d'envoyer en Algérie, pour y subir leur peine, tous les condamnés des pénitenciers militaires, maritimes, des maisons centrales, et autres lieux de détention pour y être employés aux travaux d'utilité publique et préparer l'installation des futurs colons.

Nous sommes loin d'avoir épuisé la série.

Nous en avons dit assez pour montrer à quelles incertitudes, à quel trouble sont voués les esprits sur une question de cet ordre, alors que la lumière devrait être faite depuis longtemps. Qui est-ce qui a rendu possible cet état de choses ? C'est l'effacement dans lequel sont demeurés jusqu'ici, aux yeux de nos hommes d'Etat, les questions de cette nature.

Si nos législateurs et nos philosophes se décidaient à les prendre à cœur, un plan serait bientôt arrêté. Ainsi s'évanouiraient les fatales hésitations.

IX

L'ADJUDICATION PUBLIQUE EST DE TOUS LES MODES D'ALIÉNATION LE PLUS CONVENABLE

Le principe de la vente nous paraît être désigné par la théorie aussi bien que par la pratique comme celui qu'il convient d'adopter. Des divers modes d'application qui existent, lequel choisirons-nous ?

N'est-ce pas celui qui, par la simplicité de son mécanisme et la certitude de ses résultats, attirera le mieux les compétiteurs !

Il doit être facile à comprendre, facile à pratiquer, car les émigrants sont pour la plupart peu lettrés.

L'adjudication publique par soumission cachetée, appliquée avec succès aux travaux publics et à des fournitures administratives, répond à un besoin de garanties spéciales et s'adresse à une classe d'entrepreneurs qui en apprennent le jeu et les secrets dans une fréquentation assidue des bureaux et des salles d'adjudication.

La majorité des colons saisirait difficilement ce système et aurait recours à des intermédiaires qui pourraient exploiter leur ignorance. — La nécessité d'un cahier de charges pour chaque lot entraînerait des lenteurs et des frais qu'il importe d'éviter.

Les prix administratifs seraient arbitraires et ne pourraient être ni justifiés ni contrôlés. Les formalités et les écritures inhérentes à ce système, peu accessible au grand nombre, pourraient ralentir au lieu de l'exciter le mouvement de la colonisation.

Son application exige enfin la présence de l'acheteur sur un point déterminé à jour fixe. Elle ne s'accorde pas avec un des caractères de l'émigration, l'arrivage *continu, irrégulier,* en toute saison, sur divers points.

Les enchères publiques, au contraire, constituent un mode simple, familier à tous, parlant aux yeux et à l'esprit, qui assure mieux que le précédent le véritable prix des choses.

Il expose, il est vrai, l'acquéreur à se laisser entraîner à une hausse exagérée, mais ce danger n'existe que si les prix sont payables en rentes. Il n'est plus à craindre quand le payement doit se faire en capital au comptant ou à courts termes.

Un autre inconvénient plus réel, c'est de laisser les possesseurs de capitaux, qui les confieraient volontiers au travail, dans l'incertitude du résultat.

De plus nous retrouvons également ici l'obligation de se rendre à périodes intermittentes sur des points déterminés, et, en cas d'échec, d'attendre longtemps une occasion meilleure, ou d'aller la poursuivre au loin avec la même précision et la même incertitude.

Ces inconvénients seraient supprimés si les enchères publiques se combinaient avec la vente permanente, à prix fixe. — Ce dernier mode ne saurait être employé seul. Il suppose l'adoption d'un prix uniforme et très modéré. Appliqué à des terres auxquelles le voisinage d'une ville, d'une grande route ou d'un chemin de fer, la qualité du sol, l'irrigation possible, un défrichement antérieur donnent une valeur spéciale que tout individu consentirait à payer, il serait accusé de dissiper une partie de la fortune publique. Pour ces terres, la fixation arbitraire d'un prix plus élevé ne remplacerait nullement le débat public contradictoire, annoncé d'avance, le débat des enchères. Elles deviendraient au profit des plus proches ou des mieux informés les prix de la course ou de la faveur.

Il faut donc les enchères avec la vente à prix fixe. Toutes les terres qui empruntent à une circonstance propice une valeur particulière doivent être livrées au sort des feux rivaux. Toutes les terres qui ne se trouvent pas dans des conditions aussi favorables, et celles qui, après les enchères, n'ont pas trouvé acquéreur restent accessibles en permanence à quiconque consent à payer la simple mise à prix. Supposons que cette mise à prix soit fixée à 30 fr. l'hectare. Où voit-on que ce soit un obstacle pour l'émigration? Quiconque ne peut disposer de cette faible somme ne mènera pas son entreprise à bonne fin : il périra à la tâche ou sera évincé. La société n'a aucun intérêt à favoriser une ambition disproportionnée aux ressources ; la porte de la propriété s'ouvrira naturellement lorsqu'un salaire gagné au service d'autrui, un fermage ou un métayage auront procuré au travailleur cette modeste épargne. « La colonisation par « la misère a trop coûté à l'Etat, elle a trop accumulé

« de ruines, trop excité de plaintes amères, trop
« discrédité l'Algérie, pour qu'on doive être tenté de
« recommencer. Elle est pour toujours condamnée (1). »

X

A la date du 6 octobre 1876, le Conseil général
d'Alger a adopté un vœu fortement motivé demandant
l'expropriation de terres en faveur de la colonisation.

Dans la pensée de ce Conseil, les terres acquises
par l'Etat ne devaient pas être rétrocédées gratuitement aux colons. L'Etat devait rentrer dans ses dé-
boursés. Il devait les vendre aux immigrants, au
moins aux prix d'expropriation. « L'Etat, disait le
« rapporteur, fera encore un avantage sensible aux
« concessionnaires, car ces mêmes terres qu'il cédera
« au prix d'expropriation auront acquis, par le fait
« seul de la création d'un centre européen, une plus-
« value importante. Le colon paiera 20 ou 30 francs
« un terrain d'une valeur de 300. »

Que l'on adopte la vente, quel qu'en soit le mode !
Les esprits y sont préparés. La concession gratuite,
avec le haut prix où arrivent les terres, c'est la dissi-
pation de la fortune publique.

(1) Jules Duval, *L'Algérie et les Colonies françaises*, page 50.

CHAPITRE VI

UN RAPPEL A LA LOI

Tant que la loi n'est pas maîtresse en Algérie, le Régime civil n'est qu'une fiction.

Ce qui le caractérise, en effet, c'est l'esprit de légalité.

Se rend-on suffisamment compte du tort que le régime des décrets a fait à nos colonies ? Ce n'est pas exagérer que de dire que ce régime y a de tout temps soulevé une véritable réprobation. On y a vu l'expression du despotisme et on s'est tourné vers la loi comme vers la délivrance.

Les plus lointaines comme les plus rapprochées ont protesté contre l'exception dont elles étaient l'objet. Elles ont toujours voulu être assimilées à la métropole, c'est-à-dire qu'elles ont voulu être soumises à la même puissance législative. Elles ont demandé le droit de vivre sous des lois protectrices, tutélaires, comme la République doit en faire, et ne plus dépendre de la distance plus ou moins grande qui les sépare de la mère-patrie, ni de la quantité plus ou moins grande de pigment qui recouvre le derme des citoyens. Elles ont constamment déclaré qu'elles voulaient être régies par des lois faites dans la métropole et auxquelles leurs représentants auraient pris part, par des lois qui leur permissent de vivre

aussi bien à l'étranger qu'en France, sous le même
régime (1). Lisez une pétition que les habitants de la
Cochinchine adressaient à la Chambre il y a peu
d'années. Examinez, disaient-ils, la législation spéciale
de la Cochinchine et vous vous rendrez compte du
désordre qui y règne en toutes matières, nul ne
s'étant jamais donné la peine de coordonner les
mesures nouvellement édictées avec les anciennes.
Qu'on nous enlève au régime exceptionnel des décrets
et qu'on nous rende applicable le droit commun de
tous les citoyens français, soit qu'ils vivent sur le
sol de la métropole ou dans les autres contrées
abritées par le drapeau français, le droit d'être régis
par des lois discutées, élaborées et votées par les
représentants de la nation, droit auquel il convient
d'ajouter celui non moins important de participer
eux-mêmes à la formation des assemblées de ces
représentants par la nomination de membres chargés
de défendre leurs intérêts.

Il y a entre le régime de la loi et celui des décrets
la même différence qui existe entre le gouvernement
du pays par le pays et le gouvernement de la bureaucratie. Dans une société où dominent le respect du
droit et le souci de tous les intérêts, le pouvoir législatif est distinct du pouvoir exécutif. La loi est
l'œuvre des mandataires de la population. Ils posent
les principes, ils tracent les règles. Après quoi, le
pouvoir exécutif fait des décrets afin de pouvoir guider
les fonctionnaires dans l'application des principes
posés pas le législateur.

(1) Discours de M. Lacascade, député de la Martinique. (Officiel
du 30 juin 1876.)

Rien de pareil en Algérie. Le décret y a servi à deux fins. Il a été indifféremment employé à la formation de la loi et à sa mise en exécution. Il a réuni dans la même main le législatif et l'exécutif. Il a exclu les citoyens des affaires publiques. S'il a parfois traduit le vœu de l'opinion, ça été par un simple effet du hasard. Cette opinion, au surplus, étant tenue en suspicion, a été sans cesse comprimée. Pour l'empêcher d'être étouffée, il a fallu toute l'énergie des colons. « J'ai eu soin, écrivait aux trois préfets le Gouverneur général, le 11 juin 1864, de rappeler que les décrets, les règlements, l'organisation, ces émanations des grands pouvoirs de l'Etat, ne devaient pas être discutés. »

On comprend ce qu'un pareil système peut produire, lorsqu'un seul homme est en possession de faire la loi, de l'interpréter et d'en surveiller l'exécution. Le fonctionnaire est tout, la population rien. Les droits des citoyens, la fortune publique sont dépourvus des moindres garanties. La presse est en tutelle, le contrôle fictif, la vérité obscurcie. Les individus se retirent dans l'égoïsme de leurs affaires personnelles sans s'attacher au pays. L'immigration est timide et n'augmente que faiblement la population.

Deux inconvénients de la législation des décrets ont principalement frappé les esprits. L'un est l'instabilité, l'autre la confusion. Ces deux défauts ont pour cause unique l'arbitraire. Il existe un troisième inconvénient qui a été moins aperçu.

Ces décrets échappant à la discussion publique, empêchent la nation de s'instruire des affaires coloniales. Ces affaires sont le privilège d'un petit nombre de personnes qui peuvent d'autant mieux en tirer parti que les bureaux sont omnipotents. Si nos colonies sont si peu connues, il faut l'imputer au régime des décrets. Les questions coloniales seront vulgarisées par le régime de la loi. Instabilité, confusion, ignorance générale deses affaires, ce sont là les fruits que l'Algérie a recueillis de l'ordonnance du 5 juillet 1834, disposant que les possessions françaises du nord de l'Afrique seraient régies par des ordonnances. Les réclamations contre cette ordonnance sont déjà vieilles. Dès 1845, elles étaient arrivées à l'oreille du pouvoir. A cette époque, le président du conseil, maréchal Soult, écrivait dans un rapport au Roi : « L'administration peut entrer dans une voie de progrès qui rapproche davantage des règles et de la hiérarchie des pouvoirs. Ainsi disparaîtra de la législation de l'Algérie l'ordonnance du 5 juillet 1834 qui, faite pour une situation encore incertaine et difficile, serait *aujourd'hui* en désaccord avec celle mieux affermie et plus avancée qui lui a succédé. »

L'évolution s'accomplit sous la République de 1848 (art. 109 de la Constitution). Elle se manifesta par une série de lois dont les plus importantes concernent la propriété et le régime commercial.

L'Algérie ne conserva pas longtemps le bénéfice de cet heureux changement. Il lui fut ravi par l'Empire. La main du pouvoir personnel s'étendit sur elle comme sur la France. Bien que le Sénat fût chargé de sa Constitution, privilège dont il n'a été fait usage que dans deux circonstances, ce furent les décrets qui décidèrent de ses intérêts.

Mais ce mode était incapable d'assurer la bonne administration. Il fallut se rendre à l'évidence. Dans

sa séance du 9 mars 1870, le Corps législatif vota
à l'unanimité l'ordre du jour suivant : « Le Corps
« législatif, après avoir entendu la déclaration du
« gouvernement sur les modifications qu'il se propose
« d'apporter au régime législatif auquel l'Algérie
« se trouve actuellement soumise, et considérant que
« dans l'état actuel des choses en Algérie, l'avène-
« ment du régime civil paraît concilier les intérêts
« des Européens et des Indigènes, passe à l'ordre
« du jour. »

Or, le gouvernement avait proclamé son intention
d'enlever l'Algérie au régime des sénatus-consultes,
pour la placer sous l'égide de la loi.

Survint l'Assemblée nationale. Sans abroger expres-
sément le régime des décrets, elle s'abstint d'en faire
usage dans ce qui était du domaine de la loi. Jusqu'au
24 mai 1873, elle exerça son pouvoir législatif sur
l'Algérie comme sur tout le reste du territoire. La
nomination du général Chanzy aux fonctions de
gouverneur général fut un retour formel à l'ordonnance de 1834. Les députés de l'Algérie firent entendre
une protestation.

Dans les observations présentées dans la vingtième
commission d'initiative parlementaire, ils terminaient
ainsi : « Au régime des décrets, qui alarme tous
les esprits sérieux par ses allures arbitraires et
mouvantes, nous demandons que l'Assemblée nationale
substitue enfin, et définitivement, le régime de la
loi, le seul qui soit digne du respect des citoyens,
de la grandeur des intérêts engagés et des prérogatives
de l'Assemblée nationale. »

Le régime de la loi, tel a toujours été l'idéal de

l'Algérie. Dans les élections aux différents degrés : municipales, départementales, législatives, il est le point saillant de tous les programmes ; il apparaît comme un refuge contre l'arbitraire. C'est de lui qu'on attend une législation harmonique et stable.

On peut dire que sans lui le régime civil n'existe pas et que le régime militaire subsiste tant que le régime des décrets n'est pas aboli. Vainement dira-t-on que le Gouverneur appartient à l'ordre civil, si la pratique des décrets comme moyen législatif est maintenue.

C'est d'après le droit en vigueur, sans tenir compte des faits contingents, qu'une telle situation doit être appréciée. Or, le droit en vigueur, c'est l'ordonnance de 1834, c'est à elle que le régime militaire doit sa physionomie. Tant que cette ordonnance existe, il y a confusion de pouvoirs, et par conséquent despotisme. Seulement le despotisme a changé de mains.

On s'explique difficilement qu'en présence d'un vœu aussi constant et aussi unanime, on en soit encore à attendre de la part des Chambres une affirmation solennelle qui, désormais, place l'Algérie sous l'autorité des lois.

CHAPITRE VII

L'ASSIMILATION

Le gouvernement général de l'Algérie a été fondé sur le principe de la concentration des pouvoirs dans les mains d'un haut fonctionnaire. L'état de guerre et la nécessité de maintenir les indigènes dans l'obéissance ont été le prétexte de son organisation. Une autorité forte est d'ordinaire peu respectueuse de la division des pouvoirs, exagère la centralisation et se montre impatiente de tout contrôle.

Le gouvernement de l'Algérie n'a pas fait exception à la règle. Il a pu légiférer à son aise et sur toutes les matières au moyen des décrets. Il n'a pas eu à craindre la contradiction. Il a fait simultanément de la centralisation à Paris et à Alger. Enfin il a échappé à tout contrôle sérieux.

De cette situation violente est née une réaction sous deux formes différentes : l'assimilation et l'autonomie. S'agit-il de faire la critique du gouvernement général, ces deux opinions sont d'accord. Elles se séparent et se combattent aussitôt qu'il s'agit du système qui doit le mieux répondre aux intérêts algériens.

Toutes deux veulent que la législation émane de la loi et cesse d'être l'œuvre du décret ; mais l'assimilation entend ne la demander qu'au législateur de la métropole assisté des représentants de l'Algérie et des colonies. L'autonomie, au contraire, soutient qu'un parlement colonial peut seul l'édicter en connaissance de cause. Toutes deux acceptent également la décentralisation administrative laquelle a pour but la liberté communale, mais elles apprécient différemment la centralisation politique.

L'assimilation pense que cette centralisation doit avoir son siège à Paris à l'exclusion d'Alger : l'autonomie croit au contraire qu'Alger doit être sa résidence à l'exclusion de Paris. Enfin, l'assimilation considère comme illusoire tout contrôle qui sera exercé autrement que par le gouvernement métropolitain ; l'autonomie au contraire tient à ce que le contrôle soit organisé sur les lieux mêmes.

La formule de l'assimilation est celle-ci : « La « légalité établie par les Chambres françaises est la « base de toutes les mesures à prendre dans l'intérêt « de l'Algérie et de ses colonies.

« L'administration doit se rapprocher des règles « et de la hiérarchie des pouvoirs établis en France. « Des lois particulières et des dispositions spéciales « insérées dans les lois générales donneront satis- « faction aux besoins et aux intérêts qui n'auront pas « de similaires dans la métropole. »

La formule de l'autonomie proclame qu'il appartient à l'Algérie et aux colonies de s'organiser au mieux de leurs intérêts. A elles de faire leur gouvernement, leur administration et leurs lois.

Nous ne voulons pas entrer quant à présent au fond de ce débat; qu'il nous suffise d'en exposer les précédents.

De bonne heure les Gouverneurs généraux avaient fait naître le besoin d'assimilation. Leur tendance était de transporter dans la direction des affaires civiles le ton et les allures qui ne conviennent qu'au commandement des armées. Ils ne pouvaient comprendre qu'une résistance abritée derrière un texte de loi pût l'emporter sur un acte de commandement. Ils ne voyaient rien au-dessus d'un ordre.

Dès 1834 les intérêts civils voulurent être rassurés. Les colons étaient cependant en fort petit nombre, mais ils s'agitèrent si bien que l'opinion s'émut en leur faveur. Le régime des arrêtés du général en chef fit place à celui des ordonnances.

C'était un commencement de stabilité et l'espérance d'atteindre bientôt au régime de la loi qui donne à la législation ce minimum de durée indispensable à la sécurité des intérêts sociaux.

C'est à partir de ce moment que la société naissante tourna ses aspirations vers l'assimilation.

Ce principe, elle ne l'a pas oublié un seul jour. Elle y a persisté avec tant de force qu'elle a réussi à l'imposer à ceux-là même que son application entière aurait pour effet de supprimer.

Aussi est-il venu un moment où il a fallu lui faire une place, très modeste au début, et qui n'a pris de l'importance qu'à la suite de luttes opiniâtres et de grandes crises politiques.

La République de 1848 a proclamé le principe d'assimilation. Le gouvernement provisoire n'eut garde d'oublier les colons. Il savait combien ils avaient eu à souffrir d'un régime d'arbitraire et d'instabilité. Le seul moyen de leur inspirer confiance, c'était de réaliser cette assimilation qu'ils regardaient comme le bouclier de leurs droits.

Elle leur fut solennellement promise dans la proclamation suivante (2 mars 1848) :

« La République défendra l'Algérie comme le sol même de la France. Vos intérêts matériels et moraux seront étudiés et satisfaits. L'*assimilation progressive des institutions algériennes* à celles de la métropole est dans la pensée du gouvernement provisoire ; elle sera l'objet des plus sérieuses délibérations de l'Assemblée nationale. »

Les réformes annoncées devaient être conformes à l'esprit du nouveau gouvernement. Elles devaient assurer la dignité de la population civile.

Ainsi le comprenait le Gouverneur général Cavaignac : « Il y a lieu de constituer le gouvernement de l'Algérie sur des bases conformes à l'esprit républicain.

« Je suis prêt à conseiller l'adoption de toutes les réformes qui placeront les populations civiles de l'Algérie dans des conditions dignes de la République (1). »

Au point de vue administratif, l'assimilation ne pouvait consister que dans le rattachement aux ministères correspondants des services similaires centralisés à Alger. Ce rattachement fut ordonné par l'arrêté du 30 mai 1848. Le général Lamoricière rend hommage au principe de l'assimilation et en fait honneur à l'opinion publique :

« Les ordonnances du 15 avril 1845 et du 1ᵉʳ sep-
« tembre 1847, ont marqué les tendances du pouvoir
« central à introduire dans l'administration générale
« de l'Algérie les principes de l'administration mé-
« tropolitaine.

1) *Moniteur universel,* 19 mars 1848.

« L'opinion publique, en France comme en Algérie,
« les sentiments plusieurs fois exprimés par l'Assem-
« blée nationale, ont démontré dans ces derniers
« temps qu'il était du devoir de l'Administration
« d'introduire d'une manière plus complète le régime
« des Institutions françaises en Afrique. » *Rapport au
Président du Conseil* (9 décembre 1848).

« 7 juillet 1864. — Les dispositions libérales du
« gouvernement tendent chaque jour à confondre
« la législation générale avec le *droit commun de
« la métropole.* On y a créé, partout où la population
« présente une certaine densité, des communes orga-
« nisées sur des bases à peu près analogues à celles
« de nos communes françaises (1). »

Cette idée d'assimilation qui s'était emparée de
l'opinion a été défendue par les publicistes les plus
éclairés.

Au premier rang le docteur Warnier. Dans ses
nombreux écrits, le principe supérieur dont il s'est
inspiré est celui de l'assimilation. Une série de lettres
parues sous le titre « l'Algérie en 1872 » furent spécialement rédigées de manière à mettre la vérité de
ce principe en lumière.

Il blâme les mesures prises par le Gouverneur
général. « Ainsi, dit-il, le vice-amiral de Gueydon est
« convaincu, très convaincu que l'assimilation de
« l'Algérie à la France est une erreur, et conséquent
« avec lui-même, au lieu de diriger les affaires algé-
« riennes dans la voie des traditions et des aspirations
« assimilatrices de ce pays, il profite de ce qu'en

(1) *Rapport du maréchal Randon.*

« France le gouvernement et l'Assemblée nationale
« sont absorbés par d'autres devoirs, pour remanier
« toutes les institutions de l'Algérie, dans le sens de
« ce qu'il croit être la vérité, c'est-à-dire un régime
« d'exception dont il se constitue le législateur.

« Quoi qu'il en soit, et pour la vingtième fois depuis
« 1830, les destinées de l'Algérie sont encore mises
« en question par son Gouverneur, alors qu'elles
« semblaient définitivement fixées par le vote législatif
« du 10 mars 1870, par l'avènement de la République
« en France, et par tous les actes qui, depuis deux
« ans, ont mis les trois départements d'Alger, d'Oran
« et de Constantine sur le même rang que celui de
« la Corse. »

Dans cet écrit, M. Warnier ne se borne pas à
accuser le gouvernement du vice-amiral de Gueydon.
Il s'en prend à l'esprit qui anime la haute administration algérienne. Il lui reproche sévèrement de
compliquer à dessein les affaires de l'Algérie pour
les rendre incompréhensibles.

Après le docteur Warnier, M. Jules Duval, son
collaborateur et ami, dit : « L'assimilation est le
« besoin instinctif de l'Algérie, elle a été le but du
« gouvernement. Elle a été constamment réclamée
« par les colons.

« La vapeur, le télégraphe, l'accroissement des
« relations, en rapprochant les distances, la font
« passer du domaine des idées dans celui des faits.

« Nous considérons la Méditerranée moins comme
« une solution de continuité que comme un trait
« d'union. »

Le nombre est grand des publicistes de talent qui

ont adhéré à la thèse de l'assimilation. On ne peut citer tous leurs noms. Je ne passerai pourtant pas sous silence celui de M. Simonin, qui, dans le journal *la France* du 26 avril 1879, a déclaré que les colonies devaient être assimilées à des départements français.

Ainsi que nous l'avons dit plus haut, le chef du pouvoir exécutif s'inspirant du principe d'assimilation avait pris, le 30 mai 1848, un arrêté qui rattachait à divers ministères certains services centralisés à Alger.

Les ministres, chacun dans sa spécialité, furent chargés de la Direction de la justice, de l'Instruction publique, des Cultes en Algérie.

La conséquence de cette mesure fut la création de départements algériens, l'institution de conseils généraux électifs, et la correspondance directe des préfets avec les ministres. (9 décembre 1848.)

Mais l'exécution de ces actes fut entravée.

A l'élan du mois de février, avait succédé en France l'effarement de la peur. La réaction rentrait partout. Pas plus en Algérie qu'ailleurs elle ne perdit de temps.

Elle scinda l'arrêté sur les rattachements et fit rentrer dans les attributions du ministre de la guerre et du gouvernement général, la justice, le culte et l'instruction publique des musulmans.

Elle ne fit rien pour organiser les conseils généraux et elle s'attacha à rendre l'autorité des préfets aussi précaire que possible en les plaçant sous la dépendance absolue du Gouverneur général.

Avec l'empire l'Algérie retombe sous le régime du bon plaisir. L'armée prend en charge ses destinées. Ainsi le veut la logique du pouvoir personnel.

Pendant cette période l'émigration est peu ou point

encouragée. Les colons semblent plutôt tolérés que
protégés. L'Indigène est parqué dans sa tribu et livré
à l'exploitation sans merci du chef indigène.

Toute communication entre l'élément indigène et
l'élément européen est regardée comme un mal.

Les marchés où affluent les Européens sont interdits
aux Indigènes et les marchés indigènes rendus inac-
cessibles aux Européens. On affecte de croire que le
contact de l'Européen est mortel à la moralité de
l'Indigène. Ainsi on élève à la hauteur d'un dogme
l'isolement de deux races qui, pour tout esprit clairvoyant, sont destinées à s'entendre et à se mêler.

Dans cette conception, tout se résume dans la
compression, et, s'il se peut, dans l'élimination de
l'élément colonisateur et dans la conservation de la
société indigène sous la haute surveillance d'un corps
d'officiers ayant l'armée d'Afrique pour point d'appui.
Rien de plus simple en apparence. En réalité, c'était
une folie.

Tous les ressorts de l'administration impériale
furent tendus pour amener ce résultat : faire à la
colonisation la part aussi exiguë que possible ; lui
interdire toute expansion territoriale ; lui assigner le
commerce et l'industrie comme principal aliment de
son activité. Cette activité ne devait pas dépasser
une certaine ligne au delà de laquelle était le monde
indigène. Sur ce monde-là l'influence militaire seule
devait s'exercer. Le peuple indigène était comme un
enfant dont l'éducation était à faire.

Ce soin revenait à l'armée. Etait-elle sûre du succès,
si elle laissait pénétrer les bruits du dehors ? Il fallait
calfeutrer toutes les issues, rien n'étant plus fatal à

l'Indigène que le contact du Colon européen. C'était
le régime de la caserne appliqué à une population de
plus de deux millions d'âmes.

Les avertissements ne manquèrent pas à cette politique qui semblait prendre à tâche de braver le bon
sens. Fermer le territoire indigène à l'esprit d'entreprise des Européens, interdire ou seulement gêner les
transactions entre les deux éléments de la population,
ce n'était pas seulement ouvrir une crise au préjudice
des Colons, c'était avant tout jouer l'existence même
du peuple indigène.

L'autorité militaire ne comprenait pas qu'il existât
une solidarité d'intérêts entre les Indigènes et les
Colons, d'où dépendît leur commun bien-être.

Le lien que l'activité coloniale avait créé entre les
deux races était invisible à ses yeux.

Elle n'était sensible qu'à une chose : aux critiques
dont son administration était l'objet et auxquelles
une législation pleine de rigueurs n'enlevait rien de
leur vivacité.

Pour y échapper, elle n'hésita pas à enfreindre les
lois de la vie sociale. Elle cantonna la colonisation
dans ce qu'elle aimait à appeler ses périmètres, et
elle se mit à régner silencieusement sur les masses
indigènes.

On sait le dénouement. Ainsi réduites à vivre sur
elles-mêmes, privées des ressources du dehors, les
tribus tombèrent dans la détresse. Puis survint la
famine qui dépeupla les territoires militaires. Du
même coup fut ébranlé le pouvoir présomptueux qui,
pour s'affermir, n'avait pas hésité à fomenter l'esprit
de division.

Si quelqu'un se prenait à douter des vertus de la
colonisation, qu'il se reporte à cette année cruelle.
Il assistera à un spectacle singulièrement instructif.
Deux territoires contigus et naturellement appelés
à être régis par les mêmes règles, artificiellement
séparés par les fantaisies de la politique. Les territoires civilement administrés réagissent énergiquement contre la mauvaise fortune, et finissent par en
triompher. Au contraire, les territoires administrés
militairement se montrent incapables de résister au
mauvais gouvernement, à la sécheresse persistante,
à l'invasion des sauterelles. Les habitants y succombent
en masse aux étreintes de la faim. L'instinct, une
sorte d'attraction les pousse vers les territoires civils,
et là, leurs bandes horribles y trouvent assistance
et secours. La colonisation panse leurs plaies et
répare leurs forces.

Ceux des Indigènes qui étaient établis en territoire
civil avaient recueilli le bénéfice du voisinage des
Européens et ne s'étaient pas ressenti du fléau.

Durant cette néfaste période, l'idée d'assimilation
s'était enfoncée de plus en plus dans la conscience
des Algériens. On venait de voir ce que valait un
régime exceptionnel. Les Indigènes qui le subissaient
sans aucune espèce d'atténuation en avaient souffert
plus que personne. L'exception leur avait été plus
fatale qu'à tous autres.

Les Colons français prirent leur défense. Ils mirent
leur honneur à faire dans leurs revendications la part
des Indigènes. De même qu'ils ont toujours eu soin
de distinguer dans leurs griefs entre l'armée et les
bureaux arabes : regardant l'armée comme l'alliée

naturelle de la colonisation qu'elle protège, tandis qu'à leurs yeux les bureaux arabes personnifient un faux système politique ; de même ils ont distingué entre les Indigènes.

Loin d'envelopper la race indigène dans une aveugle réprobation, ainsi qu'on les en a accusés, ils ont cherché à faire œuvre d'émancipation et de justice. Ils ont distingué parmi les Arabes une aristocratie violente et cupide, et une démocratie opprimée et misérable. Les chefs Arabes commettaient les mêmes exactions qu'au temps des Turcs. Les plaintes des opprimés paraissaient ne pas être entendues de nos officiers.

Les Colons n'ont jamais pu se faire à l'idée que la domination française pût servir à couvrir les abus des caïds et des cadis. Quand les insurrections ont éclaté ils ont voulu en connaître les causes, n'admettant pas facilement qu'elles fussent uniquement imputables au fanatisme ou à la haine du nom français, ayant au contraire des raisons de croire que les mauvais procédés d'administration n'y étaient pas étrangers.

Voilà comment les attaques des Colons et celles de la presse libérale ont eu de tout temps ces deux objectifs, les bureaux arabes, les grands chefs indigènes : tous deux personnifiant un système de gouvernement des Indigènes contre lequel protestait l'esprit de justice et de progrès.

L'assimilation, c'était la délivrance.

Le gouvernement de cette époque la donnait comme une faveur aux Colons, mais ils la refusait aux Indigènes.

Tout à l'heure nous verrons que les Colons veulent que les Indigènes ne restent pas privés de cette garantie.

Ce qu'il faut montrer dès maintenant c'est que le régime impérial se croit obligé de parler assimilation, mais qu'il en est peu prodigue.

A chaque instant la population lui rappelle la voie dans laquelle elle tient à marcher.

« Je voudrais vous signaler le mouvement général de l'opinion qui s'est de plus en plus prononcée en faveur de l'établissement du jury en matière d'expropriation pour cause d'utilité publique et en matière criminelle. Ces deux garanties sont vivement réclamées, non pas par une pensée de défiance ou de ressentiment contre une magistrature que nous honorons, mais parce qu'elles sont dans nos mœurs et dans nos tendances vers une *assimilation univer-sellement* désirée. » — *Discours du Président du Conseil général,* du 7 octobre 1867.

L'année suivante eut lieu une manifestation des plus significatives en faveur de l'assimilation (24 octobre 1868). Jules Favre vint à Alger. Un procès l'y avait appelé. Ce fut un jour de fête et de bonheur pour les Algériens habitués à respecter et à admirer l'orateur qui s'était donné la tâche de défendre leurs droits, tâche que partagèrent avec non moins d'éclat et de dévouement Lanjuinais et Jules Simon.

Les deux principaux orateurs chargés de lui souhaiter la bienvenue furent MM. Bertholon et Andrieux.

Bertholon, ancien représentant du peuple en 1848, alors conseiller municipal à Alger, aujourd'hui député de la Loire ; Andrieux, rédacteur en chef de l'*Algérie nouvelle*, surpris par la mort dans toute la force de l'âge et du talent, et à qui un caractère ferme et un esprit droit avaient valu de bonne heure une grande autorité morale.

M. Bertholon parla le premier : « Après l'essai de tant de systèmes, de tant de demi-mesures, de tant de décrets formant une législation mobile, contradictoire et arbitraire, il est temps d'avoir recours au système qui repose sur l'idée la plus simple et la plus raisonnable : l'assimilation de l'Algérie à la France par l'application de la Loi française, sans autres exceptions que celles qui sont absolument commandées par la force des choses. Jusqu'à présent l'exception a été la règle ; c'est le contraire qui devrait être. » M. Andrieux : « Ah ! que de discussions oiseuses écartées, que de chimères évitées, que de chemin utilement parcouru si tous s'étaient placés à ce point de vue : travailler sincèrement et pratiquement à l'assimilation d'une race et à l'extension de la patrie sur cette rive de la Méditerranée ! » — La réponse de Jules Favre fut écoutée au milieu d'un profond silence coupé de temps à autre par d'enthousiastes applaudissements. Je n'en citerai qu'un court passage : « Je ne sais « pas ce que l'on entend par question algérienne : « l'Algérie c'est la France, le nier c'est fermer les « yeux à la lumière. Elle est la France non pas seule- « ment parce qu'elle a été conquise par nos armes, « parce qu'elle a été arrosée du sang de nos soldats, « mais parce qu'en dépit de tous les systèmes, elle « a été pénétrée de nos idées, de nos sentiments, « parce qu'elle est devenue le foyer généreux du « libéralisme.

« L'Algérie est notre pays, et si une semblable
« idée pouvait rencontrer des adversaires j'appel-
« lerais ceux qui la contestent à contempler le beau
« spectacle qu'offrent ici et les splendeurs de la
« nature et les travaux des hommes. Je leur deman-
« derais ensuite s'ils ne reconnaissent pas dans cette
« terre si féconde, si prospère, le miroir du sol
« natal. »

A la même époque un fait considérable se produisait.
Un député, pris dans la majorité du Corps législatif
et faisant partie de l'entourage de l'Empereur, par-
courait l'Algérie avec la mission d'y faire une enquête
sur l'agriculture. En réalité l'enquête était plus étendue
que ne l'indiquait son titre. Elle embrassait toutes
les questions qui étaient de nature à influer sur la
prospérité de l'Algérie. En prenant cette mesure le
gouvernement obéissait moins au désir de modifier
le système administratif en vigueur qu'à la nécessité
d'apaiser l'opinion publique vivement émue. Il s'agissait pour le parti militaire de gagner du temps. Les
idées qu'il représentait avaient-elles rien à craindre
du moment que les soins de l'enquête étaient remis
aux mains d'un des plus fidèles amis du régime
impérial? L'enquête cependant fut conduite par le
comte Lehon avec un soin, une compétence et une
impartialité que toutes les opinions se plurent à
reconnaître.

Rien de plus instructif que le recueil où sont con-
signés les résultats de cette lumineuse investigation.
Les conclusions auxquelles M. le comte Lehon parvint
et qu'il porta un peu plus tard à la tribune du Corps
législatif furent la condamnation des errements suivis

et l'invitation pressante de se rallier définitivement aux idées de colonisation (1).

L'autonomie et l'assimilation comparurent devant l'enquête. Mais quelle disproportion dans les forces des partisans de chacune d'elles !

L'autonomie n'est réclamée qu'une fois (2).

Au contraire, l'assimilation complète est demandée par quarante déposants à l'enquête, parlant soit en leur nom personnel, soit comme mandataires de groupes plus ou moins nombreux. L'assimilation progressive fait l'objet de quatre dépositions. Six demandent l'assimilation restreinte. Dans la séance du 17 juillet 1868, le Président de l'enquête résumant ses observations dit qu'il a trouvé dans toute l'Algérie deux courants d'idées. « Les populations des campagnes, indifférentes aux questions politiques, se sont montrées partout préoccupées exclusivement des questions locales, telles que la construction de routes, la construction de barrages, etc. Les populations des villes, au contraire, petites ou grandes, ont partout émis un seul et même programme : l'assimilation et ses conséquences, élections aux corps délibérants, etc. »

Dans ces derniers temps on a essayé de représenter la majorité des électeurs algériens comme acquise aux idées autonomistes. Les hommes habiles et entreprenants que ces idées ont à leur service ont essayé de leur donner de l'importance en les introduisant d'une façon détournée dans l'agitation électorale.

(1) Ce recueil est devenu fort rare. On a prétendu que, sous l'inspiration d'un intérêt politique, de grands efforts avaient été faits pour retirer de la circulation le plus grand nombre d'exemplaires possible.
(2) *Déposition de M. Cély, d'Or*   page 284.

C'est à Alger, dans les élections de 1881, que les autonomistes ont prétendu vaincre. A les entendre, les électeurs se sont prononcés en cette occasion contre l'extension de la puissance ministérielle en Algérie, c'est-à-dire contre les rattachements, partant contre l'assimilation.

Avant d'examiner cette [allégation sachons d'abord quelle fut l'attitude d'Alger dans ces derniers temps.

Déposition écrite des habitants d'Alger (14 et 15 juillet 1868) :

1° « Abolition du régime mobile des décrets. Application à l'Algérie *des lois* de la métropole, sans autres exceptions que celles qui auront été formellement stipulées par le pouvoir législatif ;

2° « Substitution du régime civil au régime militaire. Division de l'Algérie en départements relevant du ministère de l'Intérieur ;

3° « L'armée ramenée à son rôle naturel : défense du territoire, maintien de l'ordre ;

4° « Création d'une nombreuse gendarmerie ;

5° « Suppression des commandements confiés aux Indigènes, c'est-à-dire de la féodalité et du communisme qui maintiennent l'esprit de fanatisme et de révolte et ruinent les populations ;

6° « Perception directe de l'impôt par les agents financiers et délivrance de quittances individuelles ;

7° « Création de communes indigènes sérieuses avec des conseils électifs, aux lieu et place des communes fictives (dites mixtes ou indigènes), organisées par le pouvoir militaire et qui n'aboutissent qu'à une consolidation des bureaux arabes ;

8° « Application aux Indigènes du code civil ;

9° « Suppression à tous les degrés des tribunaux indigènes ;

10° « Etablissement du jury d'expropriation ;

11° « Reconstituer le domaine de la colonisation et retrouver les 900.000 hectares promis en 1863 ;

12° « Constitution de la propriété individuelle. Reconnaissance du droit des Krammès dans la répartition des terres collectives ;

13° « Plan général de colonisation et détermination des centres à créer ;

14° « Appel à l'immigration par l'offre de toutes les terres disponibles divisées en lots d'importance diverse, livrées au premier requérant à des conditions stipulées d'avance et sans formalités longues et coûteuses ;

15° « Conservation des forêts. Application effective du code forestier aux populations de l'Algérie ;

16° « Mesures efficaces pour préserver les Indigènes du retour de l'affreuse misère dont nous avons été témoins. »

Quinze ans se sont écoulés depuis que ce programme a été formulé, sans qu'on puisse dire qu'il ait rien perdu de son à-propos.

L'assimilation y est demandée et les deux premières phrases en donnent une définition nette, précise, sans équivoque possible. On veut l'abolition du régime mobile des décrets. La demande-t-on moins aujourd'hui ? Qu'on étudie une à une les diverses questions dont se compose cet exposé des vœux des habitants d'Alger en 1868, et qu'on s'applique à pénétrer l'état d'esprit de ses habitants en 1883, on n'arrivera pas à prouver que le programme de 1868 ait été abandonné même partiellement.

Et j'ajoute que je déplorerais profondément qu'un tel programme pût être abandonné, car il offre dans son ensemble un tel caractère de patriotisme et de justice qu'il me semble impossible d'en concevoir un meilleur.

On remarquera avec quelle ferme raison la question fondamentale des Indigènes y est résolue. Les Indigènes sont conviés à participer aux garanties de la législation française, sans avoir rien à sacrifier de leurs croyances.

L'heure est venue où le dualisme énervant qui a entretenu l'esprit de division et de conflit doit céder la place à l'unité administrative.

Quand nous jetterons un coup d'œil sur les élections de 1881, nous verrons s'il est vrai qu'elles aient frappé de désaveu les doctrines qui prévalurent en 1868.

A une date récente, dans sa session d'octobre 1878, le Conseil général de Constantine a émis le vœu que l'assimilation de l'Algérie à la France fût immédiate.

L'assimilation repose donc sur une tradition constante. Quoi qu'on fasse, la nouvelle génération algérienne ne voudra pas la répudier.

CHAPITRE VIII

L'AUTONOMIE

Nous avons dit de quels éléments se compose la théorie autonomiste. Elle affirme que l'Algérie ne saurait être libre et prospère qu'à la condition de faire elle-même ses lois et d'organiser son administration. Une constitution propre à l'Algérie, un budget spécial, un parlement colonial, voilà sa formule.

Elle a ses organes dans la presse et non des moins importants. Elle a constamment recherché la faveur des conseils locaux. Elle y a parfois réussi. A certains indices on pourrait croire que la haute administration a eu pour elle de secrètes sympathies. Elle a même essayé de se faire accepter par les pouvoirs publics. Elle y a toujours échoué.

L'idée autonomiste a eu de bonne heure pour soutien le plus ancien et le plus répandu des organes de la presse algérienne. Comme tous les journaux, l'Akhbar a subi, durant le cours d'une carrière déjà longue, des influences diverses dans ses allures politiques. On le voit tour à tour autoritaire, libéral, dévoué aux intérêts du gouvernement général et de l'archevêché et défenseur zélé de la cause démocratique.

L'assimilation et l'autonomie ont alternativement régné dans ses colonnes au gré des directeurs qui se sont succédé. Malgré ces variations, il est visible

que le principe autonomiste exerce sur cette feuille un
attrait particulier. A vingt ans de distance, c'est
l'autonomie qu'on y enseigne. En 1864 comme en
1883, sous la plume de deux hommes bien différents,
c'est toujours le même idéal qu'on y préconise. Ce
qu'on veut c'est la création d'une assemblée élective,
un conseil supérieur qui serait un véritable parlement
comme ceux du Canada et de l'Australie (1).

Telle est l'idée principale qu'une fraction importante
de la presse algérienne s'est donné la mission de
faire prévaloir (2).

Sous cette impulsion, l'autonomie a tenté de s'imposer à l'attention du législateur et du pouvoir exécutif,
tantôt sous la forme de pétitions, tantôt sous celle de
vœux.

C'est ainsi que le sénat de l'empire fut appelé à
connaître d'une pétition revêtue de deux mille signa-
tures environ, demandant en premier lieu la création
à Alger d'une chambre coloniale élective composée
d'un nombre égal de députés pour chaque province.
Pour toute réponse le sénat ordonna le dépôt de la
pétition au bureau des renseignements (3).

Le rapporteur, il est vrai, flattait les espérances
autonomistes en affirmant que le gouvernement tra-
vaillait à remplir à bref délai les obligations de l'article
27 de la Constitution qui avait promis une constitution
définitive de l'Algérie.

La pétition renfermait en outre un grand nombre

---

(1) Akhbar 7 août 1881, 21 juin 1864.
(2) *Le petit Colon, le petit Algérien,* etc.
(3) Séance du 18 juin 1862. M. Hubert Delisle, rapporteur.

d'objets qui prouvaient que les idées assimilatrices étaient plus puissantes sur l'esprit des autonomistes qu'ils ne le pensaient eux-mêmes. Election des Conseils municipaux et généraux, naturalisation des étrangers et des Indigènes, organisation de la commune même en territoire militaire, assimilation de la magistrature algérienne à la magistrature française par l'inamovibilité, assimilation du barreau par la séparation de la postulation et de la plaidoirie, assimilation des offices ministériels par la vénalité, création du jury en matière criminelle et en matière d'expropriation : autant de points dont se composait cette pétition moitié autonomiste moitié assimilatrice.

Le vœu d'un parlement colonial a été émis par le Conseil général de Constantine et il a été annulé par un décret en date du 9 avril 1872.

C'était le temps où l'Algérie goûtait les douceurs du régime civil sous les auspices de M. l'amiral de Gueydon, investi par M. Thiers des fonctions de Gouverneur général civil, comme si le mot devait entraîner la chose ! L'amiral Gueydon et les autonomistes vivaient en bonne harmonie.

L'amiral était ambitieux. Il rêvait d'une organisation où le Gouverneur aurait joué le rôle d'un chef d'Etat. Je trouve la trace de cette préoccupation dans un rapport qu'il adressait le 30 octobre 1872 au président de la République.

Etudiant la façon dont les services publics algériens étaient reliés au gouvernement métropolitain, il remarquait que les uns, comme la justice, en dépendaient absolument sans que le Gouverneur général y eût action; que d'autres, tels que les forêts, les

domaines, en étaient au contraire indépendants, placés
qu'ils étaient, sous la main du gouvernement algérien;
d'autres enfin, comme les postes, faisaient l'objet
d'une sorte de traité réglant les rapports qu'ils ont
à entretenir avec l'administration métropolitaine.
M. l'amiral Gueydon déclarait que là était la vérité.
Tous les services algériens auraient dû être l'objet de
traités avec le gouvernement métropolitain.

Si le parlement colonial eût été consenti par la
métropole, il pensait bien s'en rendre le maître. Aussi
le vœu ne fut-il annulé que malgré lui. Ce n'est
pas la seule fois, d'ailleurs, que l'on verra le gouvernement général avoir des égards pour le système
autonomiste. Ce système était loin d'effrayer le général
Chanzy. Sa proposition de faire des sénateurs et des
députés de l'Algérie des membres de droit de son
conseil supérieur était un pas vers l'autonomie. Il n'eût
pas manqué de protester si la remarque lui en avait
été faite. Il aimait, au contraire, à se dire assimilateur
progressiste. Mais il ne pouvait s'y tromper. L'assimilation progressive faisait tomber pièce par pièce
l'édifice du gouvernement général. Il était trop intel-
ligent et trop homme d'autorité pour ne pas le voir et
pour ne pas le regretter. Aussi, ses actes furent-ils
le plus souvent en opposition avec ses déclarations.
Il faisait de l'assimilation progressive le moins
possible, car elle eût ruiné infailliblement, bien que
lentement, le système de gouvernement qui lui était
cher et dont il était après tout la haute et brillante
personnification.

L'empire qui, à son début, avait fait une déclaration
que n'aurait pas répudiée la doctrine autonomiste, en

promettant une constitution à l'Algérie, l'oublia au temps de sa prospérité et ne s'en souvint qu'à la veille de sa chute. Nous avons de lui un projet suivant lequel le Gouverneur aurait dû avoir rang de ministre. Le conseil supérieur aurait été exclusivement composé de membres élus par les conseils généraux et aurait voté le budget spécial. La magistrature algérienne serait devenue inamovible. L'Algérie aurait eu des députés. A côté de ces dispositions, il en était d'autres qui étaient ostensiblement anti-libérales et anti-progressives. Par exemple, le droit de suspendre le conseil supérieur conféré au Gouverneur général en conseil de gouvernement, la dissolution étant réservée à l'Empereur. On consacrait la distinction des territoires par la création de départements civils et de départements indigènes.

A peine connu, ce projet fut vivement critiqué par la presse algérienne ; l'opinion fut unanime pour le repousser. Ce n'était pas au nom de l'autonomie qu'elle réclamait. Le projet était réprouvé parce qu'il annonçait la volonté de s'écarter des conditions de l'assimilation. Le travail de la commission que présidait M. le maréchal Randon et dont M. Behic était le rapporteur, avait paru en janvier 1870. Deux mois après, le Corps législatif émettait un vote qui en était la condamnation formelle.

En 1873, nouvelle tentative pour doter l'Algérie d'une constitution. D'où part cette tentative ? De la droite de l'assemblée nationale. Elle ira se briser contre l'opposition infatigable de la représentation algérienne. M. Crémieux et M. Lambert s'accordent pour déclarer qu'une constitution n'est pas nécessaire.

« Nous avions désiré que le sort de l'Algérie fût décidé par des lois, c'est-à-dire par l'Assemblée, et qu'alors l'empire des décrets ne s'étendît pas au delà de ce que doivent être les décrets dans un gouvernement comme le nôtre. C'est pour arriver à ce résultat si important que nous avons présenté un projet de loi ainsi conçu :

« *Article unique*. — Jusqu'à la promulgation d'une loi sur l'administration générale de l'Algérie, aucune modification ne sera portée aux institutions et lois qui la régissent actuellement, que par des lois spéciales (1). »

« Au régime des décrets qui alarme tous les esprits sérieux par ses allures arbitraires et mouvantes, nous demandons que l'Assemblée nationale substitue enfin et définitivement le régime de la loi, le seul qui soit digne du respect des citoyens, de la grandeur des intérêts engagés et des prérogatives de l'Assemblée nationale (2). »

Le département d'Oran passe pour être le boulevard de l'autonomie. Or, écoutez ces paroles :

« Le mot d'autonomie est devenu de mode. On trouve dans la profession de foi de notre nouveau collègue la définition hardie de ce substantif algérien qui n'a chance de s'imposer à la métropole qu'à la condition de se faire naturaliser français. En attendant la solution de cette question qui n'aura jamais peut-être l'honneur d'un débat dans les Chambres, ne perdons pas de vue que l'Afrique ne peut et ne doit

---

(1) M. Crémieux, séance du 14 juin 1873.
(2) M. Alexis Lambert, note remise à la Commission.

être que le prolongement de la France, la France prolongée. »

Qui parle ainsi ? C'est M. Picat, s'adressant au Conseil général d'Oran, en sa qualité de Président (1).

Plus tard, dans le même département, un énergique colon, un des plus fougueux porte-drapeau de l'autonomie, déposait sur le bureau du même Conseil un vœu demandant que le nouveau régime administratif de l'Algérie fût établi sur les principes les plus larges de décentralisation et de liberté communale (2).

L'autonomie ramenée à la décentralisation c'est une abdication. Ce n'est pas nous qui nous en plaindrons. Sur ce terrain, assimilateurs et autonomistes peuvent se donner la main. Ainsi envisagé, le débat perd son caractère local et acquiert l'importance d'un intérêt national. Il s'agit, pour tout citoyen français, qu'il soit sur le continent ou sur le territoire des colonies, d'obtenir que les intérêts locaux soient affranchis de la tutelle administrative.

Pas de liberté sans cela. Avec le gouvernement d'aujourd'hui la centralisation administrative est un non-sens. Le mot de ralliement est celui-ci : assimilation politique, décentralisation administrative.

Nous avons passé en revue, aussi rapidement que possible, les manifestations auxquelles ont donné lieu les deux principes opposés. Que ressort-il de cette comparaison ?

C'est que l'assimilation l'a toujours emporté sur l'autonomie, auprès de l'opinion.

_____

(1) Séance du 2 octobre 1870.
(2) 3 mai 1870. Rapport de M. Cély au conseil général d'Oran.

Les rares partisans de l'autonomie ont bien pu quelquefois entraîner à leur suite un certain nombre d'adhésions. En Algérie leur influence n'a jamais dépassé un cercle assez étroit ; en France elle a toujours été nulle.

CHAPITRE IX

LES RATTACHEMENTS

Jusqu'en 1881, les services publics en Algérie étaient diversement organisés. Dans leurs rapports avec le gouvernement central, on pouvait les diviser en trois types :

1° Ceux qui relevaient directement des ministres et sur lesquels le gouvernement général n'exerçait aucune action. Exemple : la justice, l'instruction publique des Européens, les douanes ;

2° Ceux au contraire qui dépendaient du Gouverneur général de la façon la plus absolue : tels que les contributions, les forêts, l'enregistrement, les domaines ;

3° Enfin les services qui, comme les postes et télégraphes, entretenaient des rapports avec l'administration métropolitaine d'une part, et le gouvernement général de l'autre, suivant certains arrangements.

Rien de plus disparate !

Cette diversité trahissait le manque de contrôle et de direction. Les affaires s'en ressentaient, les plaintes étaient constantes ; seuls les services qui étaient depuis 1848 exclusivement dirigés par les ministres fonctionnaient à la satisfaction générale :

C'étaient la justice française, l'instruction publique et les cultes des Européens. Aussi les esprits virent-ils dans le rattachement de tous les services sans distinction le moyen de les vivifier.

Des manifestations dans ce sens se produisirent de tous côtés au grand déplaisir du gouvernement général.

Le département de Constantine émit le vœu que le service des postes fût placé dans les attributions du ministre des finances (1). On s'y plaignait que le gouvernement général ne sût pas donner une meilleure impulsion à ce service.

Mêmes doléances au sujet de la colonisation.

On attribue ses souffrances aux instructions qui émanent du gouvernement local (2).

Le département lui-même demande à être rattaché au ministère de l'intérieur pour l'administration départementale et communale, afin, dit le rapporteur (3), de faire cesser des abus qui depuis trop lontemps règnent dans l'administration de l'Algérie. A Alger comme à Oran, mais avec une vivacité moindre, régnait le même sentiment. Ainsi à Alger on voyait se reproduire annuellement le vœu que l'instruction publique des musulmans fût rattachée au ministère compétent.

L'aveu officiel de l'insuffisance du gouvernement général fut fait en 1876 par M. le général Chanzy. Il se sentit débordé par le nombre et l'importance des affaires sur lesquelles il était appelé à statuer. Quel que fût son désir de maintenir intacts les pouvoirs attachés à la haute fonction dout il était revêtu, le Gouverneur se vit dans la nécessité de chercher une

(1) Conseil général 20 décembre 1871, et 10 octobre 1877.
(2) Conseil général 8 octobre 1877.
(3) M. le docteur Troillo, député.

nouvelle combinaison. Il imagina les décrets du 30 juin 1876. Par le premier de ces décrets on instituait auprès du Gouverneur général trois directions. (Intérieur, finances, travaux publics.)

Par le deuxième, le ministre de l'intérieur cessait d'être l'unique éditeur responsable des actes du gouvernement algérien. Ses collègues partageaient avec lui le droit de présenter à la signature du président de la République et de contresigner les décrets concernant l'Algérie. Ils présentaient, mais ne proposaient pas. La proposition émanait du gouvernement général qui seul avait à préparer les mesures objets de décrets.

Rien de plus ingénieux que cet arrangement s'il n'eût été impraticable. L'initiative est inséparable de la responsabilité ; l'une implique l'autre, une intime union est leur seule raison d'être. J'ai l'initiative parce que je suis responsable. Je ne suis pas responsable, ne possédant pas l'initiative.

Telles sont les conditions essentielles du pouvoir à tous les degrés. En faisant l'objet d'une attribution spéciale d'une de ces deux moitiés d'un seul tout, on procédait à un partage arbitraire. Le meilleur lot, l'initiative était donnée au Gouverneur général. On augmentait l'importance de la bureaucratie qui lui sert d'appui. Les plus maltraités furent les ministres. C'était au nom du centre gauche qu'ils gouvernaient alors (1) et M. le général Chanzy était trop leur ami pour que le désir de lui être agréable ne fît pas taire leurs scrupules.

Dès qu'on voulut essayer d'appliquer les décrets,

(1) *Journal officiel* du 7 juillet 1876. Rapport de M. de Marcère, ministre de l'intérieur, au président de la République.

les conflits éclatèrent entre les ministères qui n'entendaient pas se laisser réduire au rôle d'un bureau d'enregistrement et les directions algériennes. Alger ne
souffrait pas que Paris lui envoyât des instructions,
encore moins des ordres. Tout au plus s'il admettait
des conseils ; fallait-il encore qu'il les eût demandés.

Les ministres répudièrent une responsabilité si mal
définie.

Les décrets du 30 juin 1876 ne firent donc pas sortir,
comme on l'espérait, le gouvernement général de son
impuissance. On peut dire que leur véritable utilité a
été de fournir une nouvelle et saisissante démonstration
de la difficulté où il est de s'adapter aux conditions de
l'esprit colonisateur.

Cette situation s'est éclairée d'une plus vive lumière
avec l'avènement de M. Albert Grévy. Par sa position
parlementaire et de famille, cet homme politique était
en mesure d'exercer une influence décisive sur la
politique et l'administration de l'Algérie. Avec lui on
crut l'ère des réformes arrivée. Accueilli avec une
froide réserve par l'ancienne bureaucratie, il put s'en
consoler, voyant avec quelle ferveur la masse lui
manifestait ses sympathies. Mais il était mal préparé à
donner satisfaction à une opinion impatiente, maintes
fois déçue et qui exigeait des solutions promptes.

Ce sentiment fut loin d'échapper entièrement au
nouveau Gouverneur général. Il demanda qu'on lui
fît crédit.

Rien de mieux, si ce crédit devait avoir une durée
limitée. Mais il fallait se garder de temporiser outre
mesure. Quand les espérances populaires sont brusquement réveillées et que l'enthousiasme qui les suit

s'élève très haut, agir vaut mieux que délibérer. Trop donner à la délibération sous prétexte d'ôter à l'erreur le plus de chances possibles, c'est en pareil cas une preuve de faiblesse. A quoi bon délibérer plus long-temps sur les questions prépondérantes ? Quelle est celle qui n'a pas été élaborée à fond depuis trente ans ?

Le régime civil n'avait donc pas à chercher sa route. Elle lui avait été tracée par les luttes soutenues contre l'arbitraire, par l'expérience du passé, par les résultats acquis. Il ne s'agissait que d'aboutir et de consacrer par des actes réguliers les vœux constants du travail, du patriotisme et de la civilisation.

M. Albert Grévy avait dit à ses électeurs du Doubs : « La République ne consiste pas seulement dans une « forme de gouvernement. Elle repose sur des principes « que l'heure est venue d'affirmer et d'appliquer. » Que ne comprenait-il de cette manière le régime civil ?

Mais il laissa le temps s'écouler sans prendre aucune détermination. Il ne sut tirer aucun parti immédiat des forces immenses dont il disposait. Bientôt fut ébranlée la confiance que son nom avait inspirée. Le personnel dont il parut un instant vouloir changer l'esprit finit par le conquérir à ses intérêts et à ses préjugés.

Les affaires s'amoncelèrent dans les bureaux sans recevoir de solution. On eût dit que le corps adminis-tratif, depuis que M. Albert Grévy en était la tête, avait été frappé de paralysie. Les années 1879 et 1880 se passèrent en cet état.

Le 3 novembre 1880, le Gouverneur général civil sortit de son recueillement en adressant au ministre de l'intérieur un rapport qui était un acte d'abdication personnelle.

M. Albert Grévy indiquait au gouvernement les
principales questions qu'il y avait à mettre à l'étude.
C'était en premier lieu la réorganisation du gouvernement général tant au point de vue de ses rapports
avec les pouvoirs publics de la métropole qu'à celui de
son fonctionnement intérieur.

Venait ensuite le régime législatif auquel l'Algérie
devait être soumise. Ne semblait-il pas que le régime
des décrets dût prendre fin ?

En dernier lieu se présentait la question de savoir
comment et à quelles conditions une loi promulguée
en France et qui ne fait pas mention de l'Algérie
pouvait ou devait être appliquée dans ce pays.

Sur tous ces points essentiels, le Gouverneur général
s'abstenait d'user de son initiative. Il lui suffisait de
faire appel à l'attention du gouvernement. Il sollicitait
le ministre de recourir aux lumières d'une commission
extra-parlementaire.

Voilà à quoi aboutissaient près de deux années
d'études et de réflexions : à poser avec embarras trois
ou quatre questions et à s'affranchir de l'obligation de
les résoudre.

Quelle belle occasion cependant pour affirmer et
appliquer les principes du régime civil ! Mais il eût
fallu de la résolution, il eût fallu affronter les respon-
sabilités ; or il est plus sage de les fuir. Si l'on ne
grandit pas les fonctions que l'on occupe, on est du
moins grandi par elles. Ambition dont se contente le
plus grand nombre... Bien que déconcerté par ce
dénoûment imprévu, le ministre de l'intérieur déféra
sans retard au désir exprimé par M. le Gouverneur
général en constituant sous sa présidence une commis-

sion dont firent partie, avec les représentants de l'Algérie, un certain nombre d'hommes politiques et de fonctionnaires au courant des affaires algériennes (1).

A peine entrée en fonctions, la Commission put se convaincre à quel point étaient fragiles les bases du gouvernement général. Œuvre de circonstance, destinée à fonder la suprématie militaire et à lui éviter toute opposition, d'où qu'elle vînt, elle ne se soutenait qu'à la condition d'être soustraite à l'esprit d'examen. Elle voulait être vue à distance. Pour peu qu'on s'en approchât, on était frappé du manque de solidité.

M. Albert Grévy avait rêvé une restauration du gouvernement général. Il voulait que le Gouverneur général eût rang de ministre et fut dès lors investi de la haute direction d'un certain nombre de grands services publics. Quant au régime législatif, il pensait que le législateur avait une place à prendre en Algérie ; mais cette place devait être circonscrite à un certain nombre de points. Il laissait une grande latitude au pouvoir exécutif qu'il croyait nécessairement appelé à trancher une foule de questions à l'aide des décrets. Ainsi, par exemple, la loi n'eût pas eu à connaître de l'organisation communale et départementale, non plus que de l'organisation judiciaire.

La commission fut loin d'accueillir ces vues. Elle fut d'avis de placer tous les grands services algériens sous l'autorité directe des ministres compétents. C'était

---

(1) *Arrêté ministériel* du 4 septembre 1880. Président : le ministre M. Constans, en son absence M. Fallières sous-secrétaire d'Etat. Membres : MM. Wilson sous-secrétaire d'Etat aux finances, Albert Grévy, C. Fournier, Lucet, Lelièvre, Pomel, Barne, sénateurs ; Jacques, Gastu, Thomson, Savary, Louis Legrand, députés ; Delabarre chef du service de l'Algérie au ministère de l'intérieur etc.

revenir à la vérité constitutionnelle. Depuis 1870, le Gouverneur général était constitutionnellement irresponsable ; la responsabilité qu'il avait vis-à-vis de l'Empereur ayant été abolie par les événements et n'ayant pas été remplacée par une autre. De plus, c'était faire pénétrer le contrôle dans une institution qui ne s'y était jamais prêtée. Mais d'un autre côté c'était la subordination du gouvernement général ou, pour dire comme ses zélés défenseurs, son abaissement.

En présence de ce résultat, M. Albert Grévy n'eut plus qu'une pensée : créer en Algérie un mouvement d'opinion capable d'influencer le ministère et d'infirmer les délibérations de la commission. Il mit en mouvement le conseil supérieur si facile à servir le pouvoir. Ce conseil est formé mi-partie de fonctionnaires, chefs de service, mi-partie de délégués des conseils généraux. Ce sont ces derniers, au nombre de dix-huit, qui lui firent parvenir une adresse dans laquelle, prétendant parler au nom des populations algériennes, ils lui témoignaient une entière et pleine confiance. Ce n'est pas tout. Dès le 25 décembre le conseil supérieur siégeant en session ordinaire avait apporté son concours.

La délibération de ce jour porte que l'assimilation complète de l'Algérie à la France est le désir unanime, le but à poursuivre avec énergie.

Ensuite, sans souci des contradictions, elle ajoute : « Le gouvernement de l'Algérie doit former un département ministériel, avec un budget particulier et un Gouverneur responsable devant les deux chambres.

« A côté du Gouverneur doivent être placés : un conseil de gouvernement et un conseil supérieur de l'Algérie nommé à l'élection. Il est nécessaire enfin que le Gouverneur général soit l'intermédiaire des relations politiques de la France avec la Tunisie, Tripoli et le Maroc. »

Cela est clair. La pensée qui se faisait jour au sein du conseil supérieur était l'antagoniste de celle qui l'avait emporté auprès de la commission. Tandis que l'une s'attachait à réduire le gouvernement général, l'autre tendait à en accroître la puissance. Le ministère n'avait pas vu sans regret l'attitude prise par le Gouverneur général.

Bien que les rattachements fussent décidés dans sa pensée, il différa les mesures par lesquelles il voulait les édicter. L'échec avait été sensible au Gouverneur, comme si du moment qu'il recourait à une commission il n'eût pas dû s'attendre à un désaccord. On jugea convenable de ménager un amour-propre blessé. Afin de rester vis-à-vis du frère du chef de l'Etat dans les termes d'une absolue neutralité, le ministère prit le parti de déférer la question aux électeurs et de faire dépendre les rattachements du sort des élections en Algérie. Le Gouverneur général mit tout en œuvre pour obtenir gain de cause devant les comices. Il mit en campagne bon nombre de ses fonctionnaires et sa nombreuse clientèle. Son succès ne fut que partiel. A Constantine et à Oran le corps électoral résista à la séduction. Il en fut autrement dans le département d'Alger où les électeurs trompés sur les conséquences des rattachements donnèrent la majorité aux deux candidats de la coalition des forces conservatrices rangées sous le drapeau de l'ancienne bureaucratie.

Six jours après (1), le décret qui plaçait les services civils en Algérie sous l'autorité directe des ministres compétents paraissait à l'*Officiel*. Un autre décret, conséquence du premier, annulait les crédits ouverts au titre du service du gouvernement général et les transportait aux divers budgets des départements ministériels.

On sait que les élections de 1881 eurent pour résultat de porter M. Gambetta à la présidence du Conseil. Peu de jours avant cet événement, M. Albert Grévy avait adressé au Ministre de l'Intérieur sa démission de Gouverneur général. Il se retirait amoindri, laissant derrière lui une œuvre informe. Parlementaire distingué, il n'avait révélé dans ces hautes fonctions aucune des qualités de l'homme d'Etat. L'impulsion qu'il eût dû donner, il l'avait subie. Irrésolu, il fut bientôt le prisonnier de ses bureaux, faute de savoir les maîtriser. Il n'eut pas le sens des réformes qu'impliquait le régime civil ou il recula devant les difficultés de les entreprendre. Il ne modifia aucune des mesures restrictives apportées par ses prédécesseurs aux droits des communes et des départements. Dans la conduite à observer à l'égard des Indigènes, il accepta comme les meilleures les idées de force et de pouvoir discrétionnaire. Les administrateurs civils, en prenant la place des administrateurs militaires purent user des mêmes procédés. Le régime civil acceptait l'héritage du régime militaire.

Le ministère Gambetta donna pour successeur à M. Albert Grévy, M. Tirman conseiller d'Etat. Qu'il

_____

(1) 26 août 1881.

nous suffise de dire pour aujourd'hui que M. Tirman
a pris à tache de faire restituer au gouvernement
général toutes les anciennes prérogatives. Il est arrivé
à ce résultat au moyen de délégations de pouvoir
que les ministres ont consenties. Par cet artifice,
le gouvernement général est, en fait, aussi puissant
que par le passé.

Cependant le fait même de ces délégations indique
qu'il existe une autorité supérieure à celle du Gouverneur général : celle des ministres.

C'est là un progrès sans doute puisque la responsabilité et le contrôle sont théoriquement possibles, et
qu'on les aurait cherchés en vain dans l'organisation
précédente. Mais dans la pratique rien n'est changé.
Il en eût été autrement si les rattachements avaient
été sérieusement appliqués comme en 1848. L'Algérie
y eût gagné un plus grand nombre de départements,
d'où fût résulté pour elle un notable accroissement
d'influence politique et d'activité administrative.

Avant de clore ce chapitre, il nous faut citer quelques
faits qui permettront de voir clairement la situation
à laquelle les rattachements répondaient, faute de
mieux, comme une mesure d'ordre indispensable.

I

La cour des comptes constate que son contrôle
est incomplet sur les revenus et prix de vente des
domaines. Elle trouve particulièrement regrettable
l'insuffisance dans les justifications en Algérie où,
indépendamment de la location et de la vente des
immeubles appartenant à l'Etat ou aux départements,

le recouvrement des rentes foncières et le rachat
de ces rentes sont la source de produits importants (1).

II

L'étude du budget de 1877 a révélé au sujet du
logement des fonctionnaires un état de choses assez
anormal. En Algérie c'est pis qu'en France. La plupart
des employés y sont logés aux frais de l'Etat, et comme
les édifices du domaine public ne suffiraient pas, sous
le prétexte très vague et très élastique d'intérêts de
service, on loue des maisons particulières et même
des hôtels importants. Nous voyons, pour ne citer
qu'un fait, qu'à Aumale le commandant militaire
occupe un hôtel contenant 49 pièces avec caves, jardins
et écuries. A Alger, M. le premier président est logé
dans un immeuble évalué 80.000 fr. (2).

III

Le personnel des forêts ne peut assurer le service,
la discipline s'y maintient avec peine et le recrutement
des agents est insuffisant.

Au point de vue administratif, il n'y a pas d'amé-
nagements réguliers. Les exploitations des forêts
s'opèrent sans contrôle, sans règle. La ruine des forêts
algériennes n'est qu'une question de temps (3).

(1) *Rapport de la cour des comptes sur l'exercice* 1870, page 78.
(2) *Rapport fait au nom de la commission du Budget*, par M. Wilson,
Journal Officiel 1876, page 9089.
(3) Note de M. le Ministre de l'agriculture.

IV

En ce qui touche l'impôt de l'enregistrement, ni le gouvernement civil ni l'autorité militaire n'interviennent directement d'une manière efficace dans sa perception. Elle s'opère à peu près exclusivement sous la responsabilité des directeurs placés à la tête des trois départements algériens et sans aucun contrôle approfondi.

Partout et toujours le même abus. Aucune branche de l'administration générale n'en est exempte (1).

Voilà le mal ancien et tenace qu'il s'agit de guérir. On a appliqué un commencement de traitement en éveillant la vigilance ministérielle et l'attention des représentants du pays.

A elles d'avancer l'époque où le tempérament de l'administration algérienne sera devenu sain et robuste.

(1) Note de M. Levasseur, directeur général de l'enregistrement.

CHAPITRE X

LA SÉCURITÉ

Aucun service public ne donne naissance à autant de plaintes que celui qui est chargé de veiller à la sécurité. Une société en voie de formation est beaucoup plus sensible aux maux du brigandage qu'une société depuis longtemps assise. Elle sait que la rapidité de son développement est en proportion du respect dont jouissent les personnes et les propriétés. Or, pour peu que les attentats contre les personnes ou les propriétés se multiplient, elle éprouve comme une sorte d'ébranlement.

Il suffit d'étudier un instant les mesures qui ont été prises en Algérie en vue d'assurer la sécurité, pour être convaincu qu'elles sont très incomplètes.

La sécurité doit être envisagée à un double point de vue : il y a d'abord la sécurité politique ; l'obéissance des Indigènes est son but ; il y a ensuite la sécurité civile, et j'entend par là cette sécurité de tous les jours, de tous les instants, grâce à laquelle les personnes et les propriétés sont mises à l'abri de toute atteinte.

Toutes les précautions ont été prises, tous les sacrifices consentis en faveur de la sécurité politique. Une armée de 52.000 hommes, qu'il s'agit encore d'augmenter, garantit absolument notre domination.

De ce côté, rien à craindre. Une loi récente a même permis à toute commune qui en sent le besoin de se prémunir contre tout soulèvement imprévu en se constituant un dépôt d'armes et de munitions empruntées à l'État (1).

Quant à la sécurité civile, elle n'a pas eu le don d'attirer au même degré l'attention de nos hommes d'État. Aussi est-elle précaire.

D'où vient que, de tous les besoins de la colonisation, le plus pressant et le moins complètement satisfait soit la protection contre les attentats individuels? Ne serait-ce pas que le rôle de la gendarmerie n'a pas été suffisamment élargi ? Au lieu de suivre à pas lents les progrès de la colonisation, est-ce que la gendarmerie n'aurait pas dû les précéder et leur ouvrir, en quelque sorte, la route ?

Que se passe-t-il, en effet ? J'ai sous les yeux une circulaire de M. le Gouverneur général, en date du 12 mai 1880, adressée aux trois préfets. Elle m'apprend deux choses ; la première, c'est que la paix civile et la tranquillité générale du pays, dans l'ordre politique, n'ont jamais été plus grandes qu'en ce moment ; la seconde, au contraire, c'est que les crimes de droit commun, les attentats individuels, les agressions aux portes des villes troublent gravement la sûreté publique.

Le mal vient évidemment de l'insuffisance des moyens de surveillance ; et pour y remédier voici ce qu'on a fait. Le Gouverneur a dû avoir recours au général en chef. « M. le général en chef a donné des

(1) Il ne paraît pas que les communes aient mis un grand empressement à user de cette faculté.

ordres pour que partout les autorités militaires
veuillent bien mettre leur concours à la disposition des
autorités civiles, quand celles-ci, spécialement pour
opérer des rondes, jugeront utile d'adjoindre quelque
détachement à la gendarmerie et à la police, sans
préjudice, bien entendu, de la faculté que vous avez
toujours de demander l'envoi, à titre temporaire,
d'une « force supplétive » sur les points que vous
désigneriez (1). »

Ainsi, le régime civil est obligé de recourir à des
moyens exceptionnels. La sécurité est compromise par
suite de l'insuffisance de l'effectif de la gendarmerie.

L'Algérie ne possède qu'une seule et unique légion
de 1.100 gendarmes de tous grades divisés en 175 bri-
gades.

Comment, avec cette force, assurer la sécurité dans
un territoire civil qui comprend 11.400.000 hectares
et 2.350.000 habitants environ ? Je laisse de côté le
territoire militaire où la gendarmerie ne fonctionne
pas.

En France on compte une légion pour une circons-
cription moyenne de 1.600.000 hectares et de 900.000
habitants.

Est-ce ainsi que les forces destinées à assurer la
sécurité sur les deux grandes portions du territoire
français devraient être réparties ? Pourquoi cette
inégalité ? Pour la justifier, il faudrait pouvoir dire
que la sécurité est plus grande en Algérie qu'en
France. On ne le dira pas de longtemps.

Tandis que nous trouvons en Algérie un état social

_____

(1) Circulaire aux préfets du 12 mai 1880.

qui exige une surveillance plus active, les forces qui
y reçoivent cette destination sont dans un rapport
absolument inverse à cette nécessité.

Singulière anomalie !

Comment se fait-il que le gouvernement néglige
une question aussi importante ? Car il ne saurait arguer
d'ignorance. Il n'y a pas un compte rendu officiel de
l'administration de la justice, dans lequel le ministre
ne regrette l'impunité dont jouissent un trop grand
nombre de criminels et de délinquants à cause de
l'insuffisance des moyens d'action qui ne permet pas
aux magistrats d'arriver à la découverte de la vérité.

« Le nombre proportionnel des affaires criminelles
« qu'il a fallu se résoudre à abandonner, en 1878, est
« monté à 48 0/0.

« Lorsqu'on recherche les motifs de l'abandon des
« affaires laissées sans suite, on est frappé du grand
« nombre de cas dans lesquels les auteurs des infrac-
« tions sont restés inconnus : 3.585 en 1878, soit
« 42 0/0 ou 16 0/0, de plus que sur le continent.

« Sans établir à cet égard un parallèle absolu entre
« la métropole et notre colonie algérienne, on doit
« regretter de voir l'impunité acquise aux coupables
« dans une aussi forte proportion ; d'autant plus qu'en
« 1877 le chiffre réel n'avait été que de 2.432, et le
« chiffre proportionnel de 33 0/0. Il est permis d'es-
« pérer qu'il n'y a là qu'un accroissement exceptionnel
« et que les prochaines statistiques rétabliront le
« niveau normal.

« Les juges d'instruction ont rendu 3.038 ordon-
« nances, dont 2.016 de renvoi aux juridictions compé-
« tentes et 1.022 de non-lieu. La proportion de

« celles-ci, 34 0/0, excède de sept centièmes celle que
« donne la France ; mais il n'y a pas lieu de s'en
« étonner quand on songe aux difficultés que rencontre
« l'instruction des affaires en Algérie, *et à l'insuf-*
« *fisance des moyens d'investigation et d'action dont*
« *disposent les autorités judiciaires* (1). »

Serait-il vrai qu'au Ministère de la guerre on serait
peu enclin à se prêter à une augmentation de la
gendarmerie en Algérie? Certains l'affirment. Les
partisans de la suprématie du principe militaire auraient
tout à perdre, disent-ils, si l'on finissait par s'apercevoir que les attentats de droit commun sont tout
autre chose que des actes de révolte et si l'on avait
les moyens de les réprimer sans faire un appel de tous
les jours à la protection de l'armée.

Il est difficile de croire à une pareille tactique,
surtout aujourd'hui où il suffirait d'une entente entre
les mandataires de l'Algérie au Parlement pour déjouer
de tels calculs, s'ils pouvaient exister.

Il n'en est pas moins vrai que la situation actuelle,
en se prolongeant, est pleine de dangers. Les sentiments de méfiance envahissent les cœurs et rendent
de plus en plus difficile la bonne entente entre les
différentes classes de la population. Troublés par la
fréquence des agressions, surpris de tant d'impunité,
les colons vivent dans une inquiétude constante. Point
de repos, quand, après une journée de rude labeur, ils
devraient pouvoir en goûter les douceurs. De là, une
irritation facile à comprendre. Ils s'en prennent à tous
les Indigènes, faute de pouvoir mettre la main sur le

(1) *Journal officiel* du 28 juin 1880, page 7148.

coupable. Ils se refusent à voir dans le crime commis la perversité seule du malfaiteur et se plaisent à y chercher la preuve de la haine que nourrit contre le vainqueur le peuple vaincu. Ainsi, toujours notre imagination nous entraîne au delà des bornes, quand, aux prises avec l'infortune et la souffrance, nous ne savons quel remède lui opposer.

La vérité est qu'ici comme ailleurs le mal est social et ne doit rien de sa gravité à la politique. La perversité, l'ignorance et la misère en sont les fauteurs ordinaires. Le degré exceptionnel de nocuité auquel elles parviennent est un phénomène commum à toutes les sociétés en enfantement : pareilles à certains terrains effervescents, les formations sociales ont leurs éruptions et leurs scories.

Pour les malfaiteurs indigènes comme pour les autres, la nationalité des victimes est de mince considération. Ce qu'il faut à leurs abominables instincts, c'est une proie. Qu'importe son origine ? Juif, musulman ou chrétien, quiconque donnera satisfaction à leurs détestables convoitises tombera sous leur coups.

Les annales des cours d'assises le montrent bien. Bou Guerra et ben Bouzian, ces bandits fameux dont le sinistre renom n'est pas près de s'éteindre, ont terrorisé également Indigènes et Européens. En ce moment-ci, dans le département d'Oran, un scélérat qui marche sur leurs traces et dont la tête a été mise à prix par le Gouverneur, ne se fait pas faute d'assassiner, quand il en trouve l'occasion, ses coreligionnaires, les musulmans.

L'insécurité n'afflige donc pas exclusivement une catégorie d'habitants. Le fléau sévit également sur

tous. Si les Indigènes savaient faire usage de la publicité, on entendrait leurs doléances retentir à nos
oreilles autant que celles des colons. Lors donc que
les colons réclament des mesures efficaces contre le
banditisme, ils ont mille fois raison. Ils ne sont dans
l'erreur que lorsque, voulant remonter à ses causes,
ils le considèrent comme un trait indélébile du caractère arabe, comme une manifestation du fanatisme
religieux.

Le banditisme ne doit pas être confondu avec les
actes d'hostilité. Il est de tous les pays. Il désole nos
campagnes, comme il désole souvent l'Espagne,
l'Italie et certains quartiers de Paris même.

Voit-on en Algérie rien qui ressemble à ce qui se
passe en Irlande ? Prenons le banditisme pour ce
qu'il est et gardons-nous de le confondre avec l'effort
d'un peuple qui cherche à se débarrasser de l'étranger
qu'il abhorre. Ne songeons qu'à le réprimer. Ne nous
égarons pas dans le choix des moyens.

La démocratie indigène doit être traitée en sujette,
non en ennemie. Les infractions à la loi doivent être
frappées conformément à la loi. Leur recherche et
leur constatation doivent être confiées à un service
régulièrement organisé. Ainsi le veulent notre civilisation et notre dignité.

Le Turc avait une manière très simple de dénouer
un conflit. Une tribu faisait-elle la récalcitrante ? Il
la démembrait, c'est-à-dire qu'il en dispersait les
tentes sur des emplacements nouveaux, souvent à
de grandes distances les uns des autres. D'autres
fois il faisait enlever les individus les plus remuants
de la tribu et il les détenait prisonniers autant de temps

qu'il le jugeait convenable. Souvent aussi, en cas de crime, si l'auteur en restait inconnu, la tribu sur le territoire de laquelle il avait été commis en était déclarée responsable. C'est ce que nous appelons la responsabilité collective.

Mais le Turc se souciait peu d'obéir à des lois et ne prenait guère le temps d'en faire. Pour lui, justice, progrès, humanité, civilisation étaient des mots dont il ne s'embarrassait guère. Il n'avait aucune prétention à la science administrative. N'ayant d'autre mobile que le désir de dominer, ne représentant aucune idée supérieure, exploiteur à outrance, il régnait par la terreur.

Mais quelle idée se feraient de la France, de ses richesses, de sa puissance, de sa civilisation ceux qui voudraient lui persuader de prendre le Turc pour modèle ! Le régime militaire a cru devoir lui emprunter quelques-uns de ses procédés. Bien des causes ont pu rendre cette imitation nécessaire. Il serait oiseux de les rechercher.

Mais ce qu'on me fera difficilement admettre, c'est que le régime civil s'engage dans cette voie. Ceux qui le lui conseillent ne voient pas jusqu'à quel point ils l'humilient et le compromettent. *A la complicité collective, on doit riposter par la responsabilité collective !* a dit récemment un homme qui, dans la science et dans la politique, occupe une place considérable (1).

C'est là une parole de colère : heureusement elle n'est plus en situation. A côté d'elle, dans le discours

(1) M. Paul Bert.

qui la contient, on en trouve la réfutation. Ceux
qui tiennent ce langage sont les premiers à reconnaître
que la police est défectueuse ; qu'il lui manque le
nombre et l'activité. Ils s'élèvent également avec
une généreuse énergie contre le maintien d'une aristocratie digne des plus mauvais temps de la féodalité
à qui nous donnons la puissance absolue sur de malheureux vassaux (1).

Si cela est, à quoi conclure ? à la responsabilité
collective, expédient du passé, expédient turc, ou à
l'organisation d'une police nombreuse et active ? à
une justice sommaire et spéciale ou à l'affranchissement des malheureux vassaux ? Pour nous, l'honneur
du régime civil nous dicte notre choix. Il nous trahit
et se trahit lui-même s'il n'apporte pas sur tout et
à tous des institutions régulières et un ordre légal.

Comment ne voit-on pas d'ailleurs que tous ces
procédés empiriques sur le respect desquels on prétend
fonder la sécurité sont un non-sens ? Loin d'atténuer
le mal, ils travaillent à l'augmenter. J'admets qu'en
frappant la tribu d'une amende collective vous ayez
atteint les coupables et leurs complices. Ce n'est
jamais qu'une présomption, car le crime a pu être
commis sur son territoire pas des gens de la tribu
voisine ou d'ailleurs. Mais s'il y a probabilité que
les coupables sont atteints, n'y a-t-il pas une égale
probabilité qu'au nombre des membres de la tribu
ainsi frappés se rencontrent quelques innocents ? Qui
vous dit que dans leurs cœurs ne naîtront pas des
sentiments de vengeance ? L'irritation qu'éveille un

(1) Lettre de M. Paul Bert.

acte injuste est mauvaise conseillère. Etes-vous sûr de n'avoir point préparé de nouvelles recrues pour le crime ? Ainsi se retourne contre vous une mesure à laquelle on prête une efficacité qu'elle ne possède pas. Bonne pour une société trop ignorante ou trop pauvre pour organiser un service public convenable, elle est indigne d'un peuple qui a le triple avantage de la fortune, des lumières et de la moralité.

Supériorité oblige.

Le mal est de ceux qu'on ne peut se flatter de supprimer entièrement, mais on doit pouvoir en éteindre l'excès : ce serait déjà un grand point. Avec cette amélioration, les esprits seraient bien vite ramenés à de plus exactes appréciations. Qu'attendons-nous pour porter à trois le nombre des légions de gendarmerie ? Pourquoi ne pas faire des circonscriptions qui se rapprocheraient de celles de la métropole par l'étendue du territoire et par le nombre d'habitants ?

Par deux fois, à dix ans d'intervalle, cet important progrès a été sur le point d'être réalisé.

Une première fois, en 1871, sous le gouvernement M. le vice-amiral de Gueydon. Un projet de décret avait été préparé ayant pour objet de faire décider la création de deux nouvelles légions de gendarmerie en Afrique, afin d'en affecter une au service de chacune des trois provinces. Sur les observations du ministre de la guerre, alors M. le général de Cissey, il n'y fut donné aucune suite.

Plus tard la question se présenta devant le Parlement en vertu de l'initiative parlementaire. Le 23 juin 1880, M. le général Farre ministre de la guerre,

fît à la tribune de la Chambre des Députés de telles
déclarations qu'on put sérieusement croire à une
solution très prochaine. Dans cette circonstance
d'assez mesquines considérations semblent avoir pré-
valu sur l'intérêt général.

En face d'une nécessité aussi évidente, le pouvoir
persistera-t-il dans son immobilité ? Invoquera-t-il la
difficulté de grever le budget d'une dépense nouvelle ?
Cela lui est impossible. Il a été depuis longtemps
établi que, sans grever autrement le budget, l'Algérie
peut être dotée des légions qui lui sont nécessaires.
Il s'agit de faire un meilleur emploi des sommes
que nous consacrons à entretenir des régiments de
spahis. Il s'agit de supprimer ces régiments. Quel
est de nos jours l'officier à qui cette proposition
paraîtra révolutionnaire ? S'il pouvait en exister un,
je lui recommanderais les lignes suivantes : « Une
« économie importante pourrait être faite si l'on
« voulait se décider à examiner enfin sérieusement
« la question des corps réguliers indigènes, corps
« ruineux, contre l'institution desquels de nombreuses
« réclamations ont été de tout temps formulées, tant
« par des officiers compétents en ces matières que
« par des inspecteurs généraux de cavalerie même ;
« mais qui, malgré les justes attaques dont ils ont
« été constamment l'objet, sont toujours parvenus à
« se maintenir.

« En effet, dans quel but avaient été créés, à
« l'origine, les corps indigènes ? C'étaient des motifs
« purement politiques qui avaient présidé à leur orga-
« nisation. On espérait par ces créations attirer à
« soi des hommes appartenant aux familles influentes

« des tribus, se les attacher, les rendre moins hostiles
« et les renvoyer après quelques années de service
« dans ces corps, civilisés en quelque sorte par le
« contact et l'élément français qu'on y avait introduit.
« Si un but politique n'avait pas existé, les corps
« indigènes n'auraient pas eu en effet raison d'être,
« car personne ne prétendra que, militairement parlant,
« un régiment de spahis vaille un régiment français.
« Or ce but a-t-il été atteint ? Les jeunes hommes
« des familles considérables du pays sont-ils venus
« à nous ? Quel a été, en réalité, l'élément indigène
« qui est entré dans ces régiments ? Au lieu des fils
« de famille, n'ont-ils pas été recrutés presque uni-
« quement de malheureux, de mauvais sujets de tribus,
« de ces hommes à caractères inquiets et turbulents
« qui ne venaient dans nos rangs que pour échapper
« à leurs Caïds ? Nous sommes loin cependant de
« contester les services de guerre rendus par eux,
« mais ces services eux-mêmes ne sont-ils pas dus
« principalement aux vigoureux officiers et sous-
« officiers français qui les encadraient ? » (Le général
Esterhazy.)

« Nous rendons hommage aux brillants services
« de guerre des tirailleurs algériens, en Crimée, en
« Italie, en Cochinchine et au Sénégal, il est difficile
« d'en dire autant des spahis. Ces corps n'ont jamais
« rendu de services que les régiments n'eussent
« pu rendre. » (Le général Ducrot.)

Contre ce double jugement personne dans l'armée
ne s'élèvera. On a calculé que la dépense d'un spahis
n'est pas inférieure à 2.000 fr. Ce n'est pas trop cher,
à coup sûr, pour celui dont les yeux ne sont frappés

que du côté pittoresque. Mais à n'envisager que le côté utile, quelle exagération !

Ne craignons pas de le répéter : il faut supprimer les régiments de spahis afin de créer de nouvelles légions de gendarmerie.

CONCLUSION

La colonisation est affermie. Elle a poussé dans le sol des racines assez vigoureuses pour qu'elle se fasse un jeu des orages qui pourront fondre sur elle à l'avenir. Ses adversaires ont disparu et rien n'annonce qu'ils se préparent à un retour. Les sympathies de l'opinion lui sont acquises. Elle a l'appui du gouvernement. Elle a sa place dans ses conseils et dans ceux de la nation. Elle compte au premier rang des intérêts nationaux. Elle est en possession du régime civil.

Il ne lui reste plus qu'à savoir l'appliquer, en tirant de ce principe fécond les conséquences qui lui sont naturelles. Le régime civil, est-ce un Gouverneur appartenant à telle catégorie de la société de préférence à telle autre ? Non, c'est une politique nouvelle.

L'ordre, la vérité et la justice sont les points lumineux vers lesquels elle doit s'orienter. C'est en s'efforçant d'y atteindre que le régime civil justifiera la légitimité de son avènement.

Pour bien préciser quel doit être son caractère, rendons-nous un compte exact des lacunes et des erreurs du passé :

Le régime des décrets a eu pour effet de produire une législation confuse, incohérente, inextricable. Il appartient au régime de la loi d'introduire la précision et la clarté au milieu de ce chaos.

Au désordre décrétorial, opposons l'ordre légal.

Les Colons ont besoin des Indigènes, les Indigènes ont encore un plus grand besoin des Colons. Voilà la vérité. Le gouvernement moins que personne ne saurait l'oublier sans péril. Les intérêts étant solidaires, une égale sollicitude doit s'étendre sur tous indistinctement. L'égalité dans la protection est la condition même d'un apaisement nécessaire.

L'ancienne administration répugnait par ses actes plus que par ses paroles à un rapprochement des deux races. Elle était antifusionniste. La nouvelle doit hardiment s'engager dans la voie contraire. Le seul idéal qui soit digne d'elle, c'est la fusion. Le précédent régime fournissait des aliments à l'esprit d'insurrection, le despotisme des grands chefs n'ayant pas d'autre issue. Le régime nouveau doit s'attacher à éteindre cet esprit. Le temps des grands chefs est passé. Les chefs de douar, voilà les intermédiaires naturels entre l'administration et les Indigènes des tribus.

Jusqu'à ce jour l'aristocratie seule a eu le privilège d'exciter notre attention. La couleur et l'éclat de ses dehors ont distrait nos yeux. Nous n'avons pas eu un regard pour la *vile multitude*.

C'est à cette masse silencieuse et sacrifiée que le régime civil doit faire sentir son action bienfaisante. — Les populations de l'Algérie ont droit à la sécurité civile. La colonisation y a un droit supérieur ; on ne peut en effet sans injustice infliger un surcroît de difficultés à une œuvre suffisamment laborieuse par elle-même. L'ancienne administration se contentait d'assurer l'obéissance des Indigènes. Pourvu que l'armée fût puissante, elle ne s'inquiétait pas du reste au même degré.

La politique nouvelle laisse l'armée à sa grande mission : la défense du territoire. Assurée de la soumission des Indigènes, elle ne reconnaît dans le brigandage qu'une plaie sociale et s'attache à faire jouir l'Algérie de la plus grande somme de sécurité à laquelle puisse prétendre une société. A cet effet, elle met en œuvre tous les moyens d'action dont la civilisation est capable.

Préoccupé de maintenir la société arabe dans les cadres de son organisation primitive, le régime militaire n'a pu créer un état de choses qui permît à la colonisation de se faire sa place en toute liberté. Il lui a mesuré parcimonieusement l'espace. Pareils à ceux d'une manœuvre, les mouvements de la colonisation officielle ont été plus ou moins savamment réglés et combinés. Elle a été parfois portée en avant, d'autres fois en arrière. Le plus souvent elle est demeurée en place et au repos. Sous le régime civil, la colonisation ne saurait être exposée à ces soubresauts. Ce ne sont pas des lambeaux de territoires qui doivent être offerts à son activité. Il lui faut ouvrir le territoire tout entier. Une constitution sérieuse, rapide et économique de la propriété chez les Indigènes, la liberté des transactions, des routes et des chemins de fer pourraient faire succéder à une colonisation intermittente et clairsemée une colonisation libre et puissante, s'épanchant dans tous les sens.

Le régime ancien s'est montré dissipateur de la fortune publique en abandonnant d'un cœur léger aux tribus, aux sociétés financières et à des particuliers puissants des espaces dont on ressent vivement aujourd'hui la privation. Il ne s'est pas assez soucié de la dignité des citoyens en imposant le rôle de solliciteurs à ceux qui désiraient parvenir à l'état de colons. Il a discrédité et découragé la colonisation en se livrant à un triage forcément arbitraire des colons. Dans ses investigations sur chacun il a été tracassier et peu clairvoyant. Il s'est fait le juge souverain d'aptitudes spéciales, sans pouvoir donner à ses jugements l'autorité d'une compétence qu'il n'avait pas lui-même. Il a ainsi semé de nouveaux germes de division. Beaucoup d'appelés, peu d'élus. Nous avons vu, nous voyons encore parmi les colons, ceux qui sont en instance, ceux qui ont été refusés, ceux qui ont été admis. Parmi ces derniers on peut facilement distinguer deux catégories : il y a les admis du premier degré, en faveur de qui les formalités ont été abrégées ou même supprimées ; il y a les admis du deuxième degré qui n'ont pas été, comme les premiers, entièrement exempts de peines et d'ennuis.

Le régime nouveau est tenu de rompre avec de tels errements. Éclairé par l'expérience du passé il se montrera prévoyant. Il songera aux générations futures dans sa gestion du domaine public. Les terres prenant une valeur tous les jours croissante, le principe de la vente est de rigueur. La gratuité des concessions qui enrichit le colon admis, au détriment de tous, et qui, à juste titre, mécontente le colon refusé est une violation du principe d'égalité. La vente en assure plus que tout autre le respect.

Non content de tenir les individus sous une dépendance étroite, l'ancien régime exerçait une tutelle jalouse sur les départements et les communes. Au lieu d'en fortifier les ressorts il s'étudiait à les fausser. C'est dans les conseils généraux et dans les conseils municipaux qu'on surprend ce travail d'assujettissement. Dans les conseils généraux on voit les principes et les intérêts les plus contradictoires mis en présence. On y fait siéger des membres musulmans, nommés par l'administration, et non citoyens, sur le même pied que les membres français élus. Le sort des délibérations les plus graves est livré à des majorités factices. L'appoint des voix musulmanes se joignant à la minorité amène ce regrettable résultat. Ainsi est détruite l'homogénéité de ces assemblées. Froissés par le défaut de sincérité qui dénature l'expression de leurs volontés, elles s'épuisent en débats irritants. L'administration a triomphé : il suffit.

Il en est de même dans les conseils municipaux. En ce qui concerne les musulmans, l'inconvénient est moindre puisqu'ils sont réellement élus par leurs coreligionnaires ; mais il y a ici en plus les étrangers. Le sentiment national est froissé de voir des étrangers prendre part à l'élection des municipalités. L'ancien régime n'y a vu aucun mal et ce sont les étrangers eux-mêmes qui ont eu assez de tact pour s'abstenir d'user de ce droit. Des conseils ainsi divisés contre eux-mêmes disent assez l'esprit qui a dirigé l'ancienne administration.

Le régime civil a pour devoir de rétablir encore ici la vérité des situations. Il importe à la bonne administration de rendre les conseils électifs à eux-mêmes. En ce qui touche les musulmans, c'est par la naturalisation seule qu'ils peuvent prétendre à la

jouissance des droits politiques. Comment nous prou-
veraient-ils sans cela qu'ils se sont solidarisés avec
la nation et qu'ils ont acquis la capacité intellectuelle
et morale pour bien user de tels droits? Mais con-
cédons-leur la liberté civile, et ne craignons pas de
les initier à la vie municipale à condition de placer
leurs assemblées de douars sous la tutelle administrative et de les priver de tout attribut politique. Qu'ils
aient le droit de décider de l'établissement d'une
fontaine, de la construction d'une mairie, du tracé
d'un chemin rural.

En ce qui concerne les étrangers, ils ne sauraient
avoir plus de droits chez nous que nous n'en avons
chez eux. Voilà la règle.

Après cette œuvre d'affranchissement et de progrès,
il restera encore au régime civil à développer l'œuvre
inaugurée en 1848 et suspendue depuis. Il faut com-
pléter l'organisation départementale. Quatre départements nouveaux s'ajoutant aux trois anciens feront
disparaître avec les provinces le dualisme auquel
l'Algérie doit la plupart de ses vicissitudes.

Assurer à tous les droits de sérieuses garanties ;
développer les rapports que les événements ont
forcément créés entre Indigènes et Colons pour leur
commun avantage ; donner à la colonisation la liberté
et la sécurité ; la favoriser par une forte impulsion
imprimée aux grands services publics ; intéresser le
plus grand nombre possible d'habitants à la gestion
de leurs propres affaires et agrandir le rôle des
assemblées locales : c'est par des mesures de ce genre
que notre domination sera inébranlable, car elle aura
la double consécration de la force et du droit. « La

victoire n'est légitime que quand elle profite au vaincu (1). » La gloire d'avoir fait la conquête du pays appartient au régime militaire ; au régime civil de conquérir les esprits et les cœurs.

(1) M. Masqueray, *Alger et l'Algérie.*

FIN

TABLE DES MATIÈRES

Bar-le-Duc. — Typ. L. Philipona et Cᵉ — 508